D1389269

ÉCRITURE ET PULSIONS

DANS LE

ROMAN STENDHALIEN

BIBLIOTHEQUE FRANÇAISE ET ROMANE

publiée par le

Centre de Philologie et de Littératures romanes
de l'Université des Sciences Humaines de Strasbourg

Directeur : Georges STRAKA

Série C : ETUDES LITTERAIRES

───────────────── 65 ─────────────────

Déjà parus :

1. — *Saint-John Perse et quelques devanciers* (*Etudes sur le poème en prose*), par Monique PARENT, 1960, 260 p., 4 pl.
2. — *L'« Ode à Charles Fourier »*, d'André BRETON, éditée avec introduction et notes par Jean GAULMIER, 1961, 100 p., 6 pl.
3. — *Lamennais, ses amis, et le mouvement des idées à l'époque romantique* (1824-1834), par Jean DERRE, 1962, 768 p. (Epuisé).
4. — *Langues et techniques poétiques à l'époque romane (XIe-XIIIe siècles)*, par Paul ZUMTHOR, 1963, 226 p. (Epuisé).
5. — *L'humanisme de Malraux*, par Joseph HOFFMANN, 1963, 408 p.
6. — *Recherches claudéliennes*, par M.-F. GUYARD, 1963, 116 p.
7. — *Lumières et Romantisme, énergie et nostalgie de Rousseau à Mickiewicz*, par Jean FABRE, 1963 (en réimpression).
8. — *Amour courtois et « Fin'Amors » dans la littérature du XIIe siècle*, par Moshé LAZAR, 1964, 300 p. (Epuisé).
9. — *Nouvelles recherches sur la littérature arthurienne*, par Jean MARX, 1965, 324 p. (Epuisé).
10. — *La religion de Péguy*, par Pie DUPLOYE, 1965, 742 p. (Epuisé).
11. — *Victor Hugo à l'œuvre : le poète en exil et en voyage*, par Jean-Bertrand BARRERE, 1965 (nouveau tirage 1970), 328 p., 13 pl.
12. — *Agricol Perdiguier et George Sand (correspondance inédite)*, publiée par Jean BRIQUET, 1966, 152 p., 6 pl.
13. — *Autour de Rimbaud*, par C.-A. HACKETT, 1967, 104 p., 3 pl.
14. — *Le thème de l'arbre chez P. Valéry*, par P. LAURETTE, 1967, 200 p.
15. — *L'idée de la gloire dans la tradition occidentale (Antiquité, Moyen Age occidental, Castille)*, par M.-R. LIDA DE MALKIEL, traduit de l'espagnol (Mexico, 1952), par S. ROUBAUD, 1968, 320 p.
16. — *Paul Morand et le cosmopolitisme littéraire*, par Stéphane SARKANY, 1968, 291 p., 3 pl.
17. — *Vercors écrivain et dessinateur*, par R. KONSTANTINOVITCH, 1969, 216 p., 16 pl.
18. — *Homère en France au XVIIe siècle*, par N. HEPP, 1968, 864 p., 8 pl.
19 — *Philosophie de l'art littéraire et socialisme selon Péguy*, par J. VIARD, 1969, 415 p.
20. — *Rutebeuf poète satirique*, par Arié SERPER, 1969, 183 p.
21. — *Romain Rolland et Stefan Zweig*, par Dragan NEDELJKOVITCH, 1970 400 p. (Epuisé).
22. — *J.-K. Huysmans devant la critique en France*, par M. ISSACHAROFF, 1970, 207 p.
23. — *Victor Hugo publie « Les Misérables »* (*Correspondance avec Albert Lacroix, 1861-1862*), par B. LEUILLIOT, 1970, 426 p.
24. — *Cohérence et résonance dans le style de « Charmes » de Paul Valéry*, par Monique PARENT, 1970, 224 p.

(Voir la suite à la fin du volume)

ROBERT ANDRÉ

ÉCRITURE ET PULSIONS

DANS LE

ROMAN STENDHALIEN

PARIS
ÉDITIONS KLINCKSIECK
1977

DU MÊME AUTEUR

Romans et récits :

>   *Le Séducteur*, Gallimard
>   *L'Amour et la Vie d'une Femme*, Gallimard
>   *Le Regard de l'Egyptienne*, Gallimard
>   *La Mémoire vaine* (prix Sévigné), Grasset
>   *Le Diagnostic*, Grasset
>   *Un Combat opiniâtre*, Grasset
>   *Unter den Linden*, C. Hanser, Münich.

Parmi les études critiques :

>   Proust et Walter Pater, *NRF*, 1963
>   Maupassant, *Europe*, 1969
>   Michaux et la sensation, *L'Herne*, 1965
>   Paul Valéry, *Sud*, 1971
>   Harmonie et mélodie chez Stendhal, *Revue du Stendhal-Club*, n° 69, 1975.

Préfaces :

>   au « *Chef-d'œuvre inconnu* » et *autres nouvelles de Balzac*, livre de poche - Hachette, n° 2803
>   aux « *Nuits Blanches, Le Sous-sol* » de Dostoïevski, livre de poche - Hachette, n° 2628.

En couverture : *Mariage mystique de Sainte-Catherine*, LE CORRÈGE. (Photo R. Viollet).

ISBN 2-252-01959-X

© Editions Klincksieck, 1977.

A DOMINIQUE AURY
pour la manne
de sa bibliothèque stendhalienne

A JEAN-PIERRE RICHARD

AVANT-PROPOS*

La rapidité avec laquelle Stendhal a rédigé, ou plutôt dicté, le brouillon de la Chartreuse de Parme a souvent étonné : trois semaines pour aller jusqu'au bout d'un texte d'environ huit cent pages ! On a peine à le croire, mais il n'est pas niable qu'il devait faire vite, de plus en plus vite, exercé par les gammes quotidiennes du Journal, de la Correspondance, de ce tourbillon d'écrits dans lequel il se lance dès sa dix-huitième année. Il n'est pas niable non plus que son style est peu travaillé. Insatisfait, Stendhal abandonne ou recommence afin de reprendre le mouvement à son début. Il a besoin de l'improvisation, de son atmosphère chaleureuse et fébrile. Il s'en explique dans le passage bien connu :

> « Je ne fais point de plan. Quand cela m'est arrivé, j'ai été dégoûté du roman par le mécanisme que voici : je cherchais à me souvenir en écrivant le roman des choses auxquelles j'avais pensé en écrivant le plan et chez moi le travail de la mémoire éteint l'imagination. Ma mémoire fort mauvaise est pleine de distractions.
>
> La page que j'écris me donne l'idée de la suivante : ainsi fut faite la Chartreuse de Parme. Je pensais à la mort de Sandrino ; cela seul me fit entreprendre le roman. Je vis plus tard

---

* Les citations de *la Chartreuse de Parme* sont toutes empruntées à l'édition Garnier, texte établi par H. Martineau, introduction et notes par H. Martineau.

Les citations de la *Vie de Henri Brulard*, du *Journal*, des *Souvenirs d'égotisme*, des *Privilèges*, des *Autobiographies*, de la *Consultation pour Banti* à l'édition de la Pléiade établie par H. Martineau sous le titre *ŒUVRES INTIMES*.

Celles de la *Correspondance*, également à la Pléiade, en trois volumes, préface et notes par Victor Del Litto et H. Martineau.

Toutes les autres citations sont empruntées aux *Œuvres Complètes de Stendhal*, édition établie par Victor Del Litto et Ernest Abravanel, au Cercle du Bibliophile, 52 volumes, à la Librairie du Grand-Chêne, CH-1603 Aran/Suisse.

le joli de la difficulté à vaincre : I) Les héros amoureux seulement au second volume. 2) Deux héroïnes. »[1]

En réalité, il bâtit un plan général et les préparations ne se multiplient guère que s'il s'essouffle et va vers un inachèvement. Il y a donc là un mode de composition qui mérite d'être étudié.

Il suppose une attitude envers le langage où l'on pourrait relever les traits suivants : l'écriture est traitée comme un flux qui aurait l'abondance de la parole ; de ce fait, comme un moyen destiné à traduire, à objectiver un contenu de conscience de manière directe, à l'aide des signes de la convention linguistique. Le mot ainsi conçu est véhicule ; à la limite, entre le signe et la chose signifiée, le rapport serait d'ordre algébrique ; pas d'épaisseur. Stendhal ne paraît jamais supposer que les mots puissent comporter d'arrière-fond et qu'un travail sur la forme pourrait peut-être le mettre en lumière. Il a confiance en la spontanéité, en ce qu'il appelle le naturel. Or, il le répète souvent, l'écriture bloque la sensation forte qui a des moyens d'expression différents :

> « Dans l'amour-passion, on parle souvent un langage qu'on n'entend pas soi-même ; l'âme se rend visible à l'âme indépendamment des paroles employées. Je soupçonne qu'il y a toujours un effet semblable dans le chant. »[2]

Il faudrait donc que les mots, par leur neutralité, par leur précision, par leur rapidité se fassent oublier. L'œuvre ne gagnerait rien à leur ciselure. Le scrupule artistique est absent. Stendhal a même pour lui un certain mépris. Il déteste, on le sait, le style orné de Chateaubriand.

On pourrait presque en déduire que le souci de l'œuvre est second par rapport à la préoccupation majeure qui s'accorde avec ce type d'écriture : se connaître. Il faut saisir au vol ce qui traverse la pensée et qui est *ma* pensée ou la manifestation de *ma* sensibilité. C'est l'obsession de Beyle. La nuit, il se désole de ne pas y réussir. Il s'y essaie sans relâche et l'obsession bien entendu contamine l'entreprise romanesque. Jamais peut-être fiction ne s'est nourrie plus directement aux expériences de l'auteur et jusque dans les plus petits détails. Pour en donner un seul exemple, un souvenir engrangé dans le Journal, celui d'une fabrique de clous visitée dans le Jura, où des jeunes filles pré-

---

1. *Journal littéraire*, III, p. 210.
2. *Vie de Rossini*, p. 287.

sentent les pièces de fer à de gros marteaux mus par une roue hydraulique, passe tel quel dans le premier chapitre du Rouge[3].

Cette avidité de se connaître est accompagnée par la manie du secret. Lui seul a droit de regard sur cette intériorité scrutée si anxieusement. J'en déduirais que, toutes précautions ordonnées par l'époque mises à part, ce désir d'en avoir le cœur net correspond au pressentiment d'une énigme, celle du moi sans doute, mais pas celui auquel va une complaisance sans limite, pas le monstre dont parle Malraux ; plutôt le moi qui nous déroute par ses réactions imprévisibles, cette part d'ombre qui est notre point vulnérable parce qu'elle échappe au contrôle. Beyle est souvent malheureux dans ses entreprises amoureuses dans la mesure où il est surpris par lui-même et les échafaudages ambitieux de ses héros sont détruits par des impulsions. L'examen de soi systématique ne va d'ailleurs jamais à la recherche d'un principe de force.

Cette faille dissimulée de la personnalité stendhalienne, à considérer sa philosophie du langage, devrait donc transparaître aussi bien dans les fictions que dans les écrits intimes. Si Stendhal se méfie de sa mémoire, la juge mauvaise, il ne cesse, nous venons de le vérifier, de transposer des souvenirs sans se soucier s'ils s'accordent avec le cadre de son récit. L'écran romanesque joue souvent mal son rôle. Il souligne ce que l'auteur voudrait cacher et qui se dérobe à la recherche directe. Le *miroir promené le long de la route* renvoie à l'inclinaison donnée par celui qui le tient, alors moins attentif à son masque. La trame fictionnelle sert d'épreuve *projective*, au sens donné à l'épithète par la psychologie moderne. C'est dans cette perspective que nous avons entrepris d'étudier *la Chartreuse de Parme*, mis en éveil par le procédé de composition.

En effet, chez la plupart des romanciers, la relation normale avec le langage, mode d'expression, est subordonnée aux exigences de l'œuvre qu'il s'agit de mener au point suprême de perfection : aussi le travail sur l'écriture succède à l'écriture spontanée. Chez Stendhal, ce travail est absent. Il y répugnait, on l'a vu, comme si la fiction n'était pas destinée à devenir une réalité autonome, détachée du créateur. Indice significatif et fort rare, il aime à se relire, il annote sans fin ses manuscrits. Il manifeste une préférence invincible pour l'acte d'écrire, pour le mouvement, fût-ce au détriment de l'écrit.

---

3. *Le Rouge et le Noir*, p. 6.

Enigme d'une faiblesse, projection ? ces termes renvoient à une interprétation psychanalytique. Le langage *spontané* de Stendhal, son flux verbal nous ont semblé se prêter particulièrement à ce genre d'éclairage. Les mots, dans cette perspective du *naturel*, devraient laisser apercevoir davantage leurs facettes subjectives, leurs dessous, pourrait-on dire, engagés dans la surface ainsi que dans les phrases à double sens, équivoques.

Pour rappeler ici un enseignement élémentaire, le langage tantôt opère dans le sens de la fonction utilitaire, de la communication, où il sert aussi de mécanisme de défense, tantôt laisse filtrer, plus ou moins par mégarde, ses attaches avec l'affectivité du sujet qui parle. Il renvoie en un éclair, du présent oral au passé, à une histoire enfouie, voire à une préhistoire. L'improvisation en outre n'est-elle pas en partie un abandon sans contrôle au surgissement des images et des signes, dans la ligne de la liberté associative recommandée par l'analyste ?

L'attitude même de Stendhal devant le langage reflète encore un étrange paradoxe. En effet, pour en revenir à son dédain du travail second, à son dédain à l'égard des mots en tant que tels, conçus comme signes de convention destinés à transmettre un contenu qu'ils doivent altérer le moins possible, on s'aperçoit qu'une telle conception va à l'encontre de son goût pour le secret. Le style du code civil, le vrai, la répugnance pour le vague, la fureur contre la *cime indéterminée des forêts*, jusqu'aux mathématiques sans hypocrisie, tout cela reflète au fond une seule et unique préoccupation, perceptible dans la citation empruntée à la *Vie de Rossini* : « l'âme qui se rend visible à l'âme indépendamment des paroles employées ». Il faudrait user d'une langue qui, proche du chant, loin de figer la sensation, l'exalte, une langue où le mot donc, aussi transparent que possible, aussi net que possible tel un galet poli, laisserait passer les émotions profondes de celui qui parle. Cet homme qui veut le secret a, lorsqu'il écrit, la nostalgie de la nudité. Si le langage pouvait vraiment être réduit à un symbolisme algébrique, la solution de nos difficultés serait trouvée : plus d'incertitude dans la communication amoureuse, plus de voiles sur l'authenticité de nos propres sentiments. L'amour des mathématiques est la projection des énigmes résolues. Là tout se démontre et s'explique.

Bien entendu cette ambition représente tout le contraire de ce que Stendhal est dans les rapports humains. La réduction des opacités est la poursuite d'un rêve. Les *sensations* n'ont évidemment ni la netteté ni l'unité des idées simples ou complexes de l'*Idéologie*, pas plus que les mots ne sont réductibles à leur face conventionnelle. Stendhal, avec ce projet en porte-à-faux, s'engage en fait dans un discours interminable, dans un discours sur lui-même, se laissant aller de temps en temps sur un chemin de traverse : le roman. Sa curieuse méthode parfois le sert, parfois l'égare : « Je n'ai jamais voulu arranger », dit-il quelque part de presque tous ses ouvrages, ou encore : « J'abhorre la description matérielle. L'ennui de la faire m'empêche de faire des romans. » Cependant il en fera, il en ratera sans dramatiser outre mesure ses échecs. Comme nous le pressentions, la fiction n'est pas une fin, mais l'occasion offerte d'essayer de se surprendre au détour des mots, de se corriger, de se livrer sans en avoir l'air, de se donner des plaisirs refusés par l'existence. Si les mots doivent se faire oublier, c'est parce que l'auteur n'a jamais pu s'oublier. La fiction reste un laboratoire, un champ d'expérience.

On voit à quel point une telle attitude nous donnait une chance, dans la perspective que j'ai dite, de saisir peut-être la clef du paradoxe enveloppé dans sa conception de l'écriture. Une autre propriété de l'improvisation, si l'on considère la relation entre la conscience réflexive et la spontanéité, est de ménager sans cesse de faux hasards ou, si l'on préfère, de faire progresser un livre sous l'impulsion d'une fausse liberté.

Dans la mesure en effet où le langage, code social, est aussi le reflet de l'histoire affective du sujet, l'abandon au flux verbal ne fera que manifester une nécessité invisible, celle-là même qui domine l'idéal de transparence, de précision, d'adéquation du signe au signifié. L'ambiguïté des mots, leur épaisseur fonde l'usage poétique du langage, mais sur le plan critique, cette même ambiguïté renvoie du sens actuel et usuel au sens plus ou moins oublié du discours. A partir du code conventionnel, nous nous sommes forgés peu à peu un code subjectif qui s'est confondu de manière inextricable avec nos expériences dans le temps. (Ainsi le sens et le symbolisme du mot *catleya*, l'orchidée qui préside aux rapports entre Swann et Odette dans *Un Amour de Swann*). A la limite, on pourrait parler d'une langue secrète — et par cette autre manie Beyle en avait sans doute le pressentiment — qui doublerait l'autre, dont les significations échappent toujours en partie à celui qui l'a forgée, et qui échapperaient davantage au critique s'il n'avait le privilège d'opérer en synchronie. On retrouverait ici un certain nombre d'idées bien connues sur la fonction de censure du langage, sur ses ratés dans le jeu de mots, dans l'usage des mots, en bref sur les interférences entre la langue secrète et la langue du discours que l'on tient. Il suffit pour notre propos de tenir pour acquit que nous ne nous servons pas des mots à notre guise, que tout discours est sous-tendu par une nécessité souterraine.

On peut en déduire une conséquence importante : je le répète, lorsque l'auteur cherche à inventer et, dans le cas de Stendhal, en s'abandonnant aux suggestions de son imagination d'après « la page de la veille », la liberté sans borne dont il croit jouir pour faire avancer l'action du livre est illusoire. En fait, il donne seulement un champ opératoire à la thématique profonde de sa conscience. Improviser place dans l'attitude mentale de l'écriture automatique où l'on suspend la vigilance de la conscience claire, pour permettre aux images, aux métaphores d'accéder plus facilement au niveau du langage de la communication. L'obscur s'accroche au clair par une aimantation spontanée, mieux par affinité entre certains germes d'événements, d'intrigues et les structures profondes de l'esprit. Le dessous des mots intervient, imprègne la temporalité linguistique de celui qui écrit. La langue secrète suscite les trouvailles de style comme les situations dans lesquelles les personnages s'engagent. Faut-il le rappeler ? Comme disait Gide : « On n'écrit pas ce que l'on veut ». On n'écrit pas non plus comme l'on veut, mais pour des raisons que nous démêlons mal, et souvent est-ce la raison pour laquelle nous écrivons.

Dans cette optique, il est permis de reconsidérer ce que l'ancienne critique admirait tant chez Stendhal, en particulier dans ses romans achevés comme *la Chartreuse de Parme* : la merveilleuse spontanéité, le rythme allègre, picaresque de l'invention, les surprises inépuisables ménagées par les péripéties, en un mot le côté roman d'aventures, à la manière d'un Alexandre Dumas doué de profondeur psychologique... Toutes ces qualités existent, mais les ressorts ne sont sans doute pas ceux que l'on croyait et la critique d'autrefois se souciait au demeurant assez peu des ressorts. Ce sont eux qui ont retenu notre attention. Nous voulions tenter de remonter, à partir de l'arbitraire apparent, vers la nécessité cachée. Nous avions l'espoir que la découverte de celle-ci nous aiderait à mieux comprendre les traits de la figure stendhalienne masquée par l'éblouissante cascade des événements vécus par le héros du roman.

Un effort toutefois a déjà été tenté dans ce sens. Il convient, avant d'aller plus loin, de préciser en quoi notre recherche s'en rapproche, en quoi elle s'en distingue, Monsieur Gilbert Durand, dans son ouvrage le *Décor mythique de la Chartreuse de Parme*, a été frappé lui aussi par ce que l'on pourrait appeler la dimension onirique du roman, comme si les épreuves sub.es par les personnages eussent été inscrites dans une sorte de fatalité à la manière des quêtes du Moyen Age dominées par la prédiction. Si l'aventure ne fait qu'actualiser une prophétie, là encore la liberté est nulle et, par-delà le Moyen Age, le champ de l'histoire demeure celui de la tragédie grecque. Pour M. Gilbert Durand, ce phénomène est lié à la structure générale de l'imagination humaine, appelée à développer seulement un certain nombre de topiques, histoires ou schèmes situationnels dessinés dans l'inconscient collectif. Lorsque je veux conter, je n'invente jamais rien, je ressuscite des situations mythiques, par certains côtés intemporelles. Un récit serait toujours retrouvailles, reconnaissance. Il écrit en se référant à Baudoin, à Jung, à Lévi-Strauss :

> « La substance du romanesque ou du drame ne se trouve ni dans le style ni dans le mode de narration, ni dans la syntaxe, mais dans l'histoire qui y est racontée... Rien n'indique le plus souvent que le mythe ait été le moins du monde présent à l'esprit du poète... Mais tout se passe comme si le mythe montait spontanément des profondeurs de l'inconscient et s'accrochait au contenu manifeste par tous les détails qui y donnent prise ; il y détermine des incidences et des incidents que l'action avouée ne justifie pas, mais qui apparemment accessoires dans le contenu manifeste ne reçoivent leur sens que par référence au mythe. »[4]

et partant de ce mécanisme, il explore le répertoire mythique qui forme le soubassement de la Chartreuse de Parme. La réussite du livre, l'attrait magique qu'il exerce sur le lecteur viendraient d'une rencontre avec un modèle imaginaire, collectif et intemporel.

Il faut rappeler toutefois que la valeur d'un roman ne réside pas dans l'histoire qu'il raconte, mais dans la manière dont cette histoire est racontée. L'un n'infirme pas l'autre, mais fait intervenir la notion de littérature, étrangère à l'ethnologue comme au mythologue. Il n'est pas niable que les romans de Stendhal, et beaucoup d'autres, soient riches en contenu mythique. Je suis persuadé aussi que la puissance attractive d'une fiction est liée à sa résonance dans l'inconscient du lecteur, à la correspondance avec ses propres mythes. Nous trouvions donc dans cette recherche la confirmation de notre analyse de l'improvisation qui obéit en fait à des ressorts cachés. Toutefois ceux-ci sont-ils

---

4. Gilbert Durand, le Décor mythique de la Chartreuse de Parme p. 9. Citation de Baudoin in le Triomphe du héros.

toujours d'ordre mythique ? Nous voulions demeurer dans le domaine de la critique littéraire qui suppose cette notion de littérature, partant d'un « écrivant » situé dans l'histoire, Beyle/Stendhal. Celui-ci ne saurait être un simple médiateur entre deux formes d'inconscient collectif. Il reste à savoir si la projection de soi-même dans une fiction se limite à celle d'un substrat fondamental du psychisme ; si ce substrat ne demeure pas emmêlé inextricablement à une thématique constituée à partir d'une expérience individuelle, d'importance égale. Certes tous les hommes se retrouvent pris dans des situations qui, par certains côtés, se ressemblent. La situation triangulaire du héros stendhalien apparaît déjà dans *la Nouvelle Héloïse*, chez Marivaux, dans la tragédie racinienne, s'inscrit dans une lignée romanesque qui remonte au fond des âges. Personne ne soutiendra qu'elle procède d'une histoire personnelle analogue. Ce qui nous intéressait n'était pas la ressemblance, mais la différence[5] ; la manière dont Stendhal/Beyle, dans *la Chartreuse de Parme* comme dans d'autres ouvrages, reprenait à son compte ce thème du triangle et pourquoi celui-ci s'était imposé à son imagination.

En un mot nous avons privilégié une perspective différente de celle d'une philosophie de la mythologie. M. Gilbert Durand éclaire souvent les situations en se référant à la topique collective. Nous tentons de comprendre comment leur écriture et leur surgissement répondent à des obsessions individuelles manifestées au niveau du langage, obsessions qui bien entendu amènent parfois Stendhal à recouper le savoir profond des fables.

C'est dire que l'œuvre renvoie aussi à l'auteur et ce dernier à l'œuvre, de même qu'il est souvent malaisé dans ce genre d'étude de séparer l'usage collectif du symbole de la signification individuelle qu'il a pu prendre. On toucherait ici au problème difficile de la nature de l'inconscient.

Que celui-ci ne crée pas lui-même ses symboles, Freud l'avait déjà remarqué. Je citerai seulement pour mémoire ce passage de l'*Introduction à la Psychanalyse* consacré au rêve où, après avoir énuméré les symboles qui y apparaissent, il pose précisément la question :

---

5. « Quand on en vient à la littérature, l'interprétation par un symbole collectif demeure possible, mais vague, puisqu'elle ignore l'originalité. » Charles Mauron, *l'Inconscient dans l'œuvre et la vie de Racine*, p. 11.

« Comment pouvons-nous connaître la signification des symboles alors que le rêveur lui-même ne nous fournit à leur sujet aucun renseignement ?

Je réponds : cette connaissance nous vient de diverses sources, des mythes, des farces et facéties, du folklore, c'est-à-dire de l'étude des mœurs, usages, proverbes, etc, de différents peuples, du langage poétique et du langage commun. Nous y retrouvons partout le même symbolisme. »[6]

Jung ne ferait que donner un prolongement métaphysique aux recherches de Freud en ce domaine, Freud qui ajoute d'ailleurs un peu plus loin :

« Le domaine du symbolisme est extraordinairement grand et celui des rêves n'en est qu'une petite province. »[7]

En revanche le désaccord apparaît à propos de l'universalité des conflits archaïques dont la permanence répétitive aurait, selon Freud, été à l'origine des mythes. On sait que Jung ne l'admettra pas, ainsi que nombre de penseurs contemporains qui vont jusqu'à nier l'existence du complexe. Pour J.P. Vernant par exemple, le sens d'un rêve doit être considéré « en tant que phénomène symbolique, comme un fait culturel relevant d'une étude de psychologie historique »[8], et il invite les psychanalystes à se faire davantage historiens pour rechercher à travers les diverses « clefs des songes » qui se sont succédées en Occident les constances et les transformations de la symbolique des rêves.

Ces considérations peuvent sembler extérieures à notre recherche. Cependant, elles doivent rester présentes à l'esprit du lecteur dans la mesure où nous ne pouvions en discuter directement. Pour ma part je serais enclin à penser que si la matière du rêve est fonction de la culture, la structure formelle a une permanence. Dans quelle mesure la formation de la thématique stendhalienne est-elle tributaire de la pure équation œdipienne ou du milieu dans lequel le complexe s'est développé reste un problème que nous avons tenté de démêler à la fin de cette étude pour conclure en accordant une relative importance à la contingence historique.

Je me bornerai à faire observer ici qu'entre le mythe et le symbole intervient une distance culturelle variable que nos sociétés ont tendu à accroître jusqu'à la coupure. Freud d'ail-

---

6, 7. *Introduction à la Psychanalyse*, p. 151, 152.

8. J.P. Vernant, *Oedipe sans complexe*, p. 115 dans *« Psychologie et Marxisme. »*

leurs n'a pas raccordé aussitôt l'un à l'autre. Dans la *Science des Rêves*, la légende d'Œdipe paraît avoir eu d'abord une simple portée métaphorique destinée à illustrer le sens du conflit enfantin. Le mythe d'autre part est un modèle possible de situations conflictuelles qui s'inscrit dans un patrimoine où sa fonction dépasse à l'évidence le domaine de la psychologie, comme le montre son rôle chez les peuples sans histoire écrite, où la coupure avec le symbole n'existe pas. On pourrait dire qu'il y a symbolisme parce qu'il y a coupure, introduite par l'histoire ou le texte. Toutefois nous commençons par vivre une préhistoire obscure, sans texte possible. Le symbole exprime alors la façon dont le psychisme de l'individu revit un conflit hors de la prise directe par le récit, mais pourtant historiquement situé. Il reflète une relation émotionnelle qui ne peut trouver d'autre langage que la fabulation, une revanche incertaine du récit sur le vécu pur. Le mythe s'offre comme une catégorie.

On peut donc se demander si la formation de la thématique individuelle n'éclaire pas plus le fonctionnement de l'imagination de l'écrivain que le recensement des mythes recoupés par son œuvre. Les mythes apparaissent dans cette perspective comme le résultat de l'affinité de certains symboles avec une histoire dans laquelle ceux-ci cristallisent et cette cristallisation est en partie délivrance. Le point de départ, sans doute à jamais hors d'atteinte, touche à ce moment où la situation vécue dans un certain milieu, et sur un mode purement émotionnel, se raccroche au langage en formation. On en revient à cette *langue secrète* de l'affectivité qui double en fantôme tous les mots, toutes les métaphores dont nous nous servons, texte dont l'inconscient est dépositaire et que la névrose se garde d'oublier.

L'investigation critique ne peut donc ici que tirer profit de l'enseignement psychanalytique, sans oublier que la méthode s'applique à un écrivain, c'est-à-dire à un individu qui a trouvé dans une certaine mesure solution à ses conflits par l'écriture ; en d'autres termes qui a privilégié une relation avec autrui et le monde sans laquelle il ne serait pas ce qu'il est. Encore une fois, il est indissociable de son œuvre et nous avons tenu à le marquer en liant toujours le nom et le pseudonyme, miroirs l'un et l'autre, l'un de l'autre.

Peut-être ainsi parvenons-nous à une meilleure compréhension du rapport entre les deux noms par la médiation du texte ; l'accolement final nous paraissant lié à une difficulté propre à cet écrivain : celle d'une *parole empêchée de se faire texte*.

L'univers de *la Chartreuse de Parme* auquel nous nous attachons dans la première partie apparaît dominé par l'onirisme, par une liberté truquée, vaincue par le destin. Sa lumière est de théâtre, et non solaire. Elle nous apprend plus sur l'auteur que tout renseignement biographique ou confession, quoique Stendhal/Beyle ait été particulièrement prodigue en confidences. On sait toutefois que la sincérité a ses limites déterminées par la nature même de la conscience. Ce que le sujet ne peut guère saisir en raison des résistances, de l'oblitération du sens latent des mots, c'est l'histoire même de son langage, liée indissolublement à son affectivité et qui se projette dans la fiction sous formes en effet de figures verbales, de symboles, de péripéties, en un mot sous forme de style au sens large du terme qui est bien comme le disait Proust, une vision particulière de la réalité ; vision stendhalienne qui ne se retrouve pas toujours chez Beyle.

On demandera ici : pourquoi ne pas s'en tenir au texte ? Le texte me suffit sans doute si je le considère comme un fait de langage. En tant que tel, il ne renvoie qu'à lui-même, mais cerné par une énigme, comme un rêve coupé du rêveur. Il ne me suffit donc plus si je le considère comme un fait de littérature, c'est-à-dire comme une aventure de la création. Il y a un fabulateur dans son ombre, dans ses blancs, sans qui, me souffle le simple bon sens, il n'aurait pas existé. C'est pourquoi en possession des renseignements fournis par *la Chartreuse de Parme* et par d'autres romans, j'ai reconsidéré la figure de Beyle, mais j'y insiste, de Beyle désireux de devenir celui que nous étudions dans le texte, non pas le fonctionnaire ambitieux ni le bourgeois de Grenoble, mais l'homme qui confiait précisément au lecteur à venir le soin de savoir qui il était :

> « Beyle (Henri), né à Grenoble le 23 janvier 1783, mort a... le... Ses parents avaient de l'aisance, etc. »[9]

Cet article faussement posthume, il avait commencé de le rédiger dès qu'il avait pris la plume. Ce blanc à notre adresse justifiait la forme que j'ai donnée à cette étude.

---

9. *Autobiographie* de 1837, p. 1496.

I

STENDHAL / BEYLE

« Et je ne parle pas des personnages de roman qui ja-
mais ne sont chargés de
mystère. Stendhal est aussi
loin que l'on voudra de nos
freudiens. »

Alain, Stendhal.

LA CHARTREUSE DE PARME

L'ÉQUIVOQUE SUR LA PATERNITÉ

On a beaucoup discuté sur l'opportunité du premier chapitre, cette entrée des Français à Milan que Balzac, on s'en souvient, proposait d'éliminer. Ses reproches, dans une perspective technique, ne sont pas sans fondement. S'il est permis à un auteur de multiplier les préparations, encore faut-il qu'elles aient un rapport direct avec l'action future et non l'apparence de pièces rapportées.

On sait que Stendhal en convenait et que, sans chercher à défendre le chapitre, il alléguait pour se justifier : « J'en ai eu tellement de plaisir... »[1]. La confidence est significative. Il ne se place pas du tout sur le plan de la composition ou de l'art, ni sur celui du lecteur. D'emblée, et ce mot de *plaisir* revient souvent dans les annotations marginales, il adopte le point de vue de celui qui écrit : se donner du plaisir par l'écriture, voilà le but primordial, aussi peu romantique que possible, et bien entendu incompréhensible à son correspondant. Cette attitude revient à faire jouer à l'écriture un rôle où les satisfactions compensatoires vont dominer. Stendhal se laisse prendre en flagrant délit.

Le lecteur qui peut, lui, comparer les écrits intimes aux fictions est frappé par d'innombrables correspondances dont nous avons donné un exemple dans la préface. L'écrivain utilise des fragments de ses expériences vécues, n'utilise guère que cela comme nombre de romanciers, mais il ne les modifie pas tant en fonction de son histoire que des résistances opposées par la réalité à ses désirs et qui se trouvent éliminées dans la fiction. En cela consiste le plaisir, sans que Stendhal enfreigne d'ailleurs certaines limites, comme s'il avait conscience de l'impossibilité de tricher tout à fait avec le réel. Le plaisir est de l'ordre de

---

1. *Lettre à Balzac,* 16 octobre 1840, p. 326.

ce qui aurait pu être, du possible qui, par son existence supposée, aurait pu changer le destin.

Dans cette perspective, on s'aperçoit que le prologue en question, presque gratuit par rapport à la suite du roman, remplit une fonction très précise et qui correspond à une exigence profonde de son auteur. Elle réapparaît, on le sait, dans la plupart de ses ouvrages : jeter le *doute sur la paternité réelle du héros*. L'entrée des troupes françaises à Milan, l'occupation de la ville n'ont d'autre but que d'y introduire le lieutenant Robert, doté d'un billet de logement pour le palais de la marquise del Dongo. De même, on laissait planer un doute, beaucoup plus vague, il est vrai, sur la naissance de Julien Sorel.

L'improvisation emprunte donc aussitôt la ligne d'une obsession qui se traduit ailleurs par une imprécision voulue dans l'identité du narrateur, par l'utilisation des pseudonymes, par l'artifice des fausses traductions et par ce que l'on appelle avec pudeur des emprunts. *La Chartreuse de Parme* n'en est pas exempt :

« Me croirait-on ? Je porterais un masque avec plaisir. Je changerais de nom avec délice. » confesse-t-il dans les *Souvenirs d'égotisme*[2].

Comme l'a bien montré J. Starobinski, cette pseudonymie « inlassable et fuyante » tient lieu de meurtre du père[3]. Cependant, replacé dans la fiction, le thème répond à une interrogation dont la portée est plus grande et peut-être plus troublante : qui suis-je et qui pourrais-je être ? liée à une hypothèse séduisante qui éclaire *le plaisir* éprouvé à écrire... Il est possible que tu sois *un autre*. Un hasard peut avoir faussé ta filiation comme il se produit souvent à la faveur des grands événements historiques. Tu serais ainsi étranger à tes proches et à toi-même. Essayons de montrer dans le laboratoire du récit les conséquences que pourrait avoir cette abolition des liens les plus contraignants, ceux de la paternité. Toutefois il ne faut pas perdre de vue le conditionnel, préalable à la rêverie. Comme nous l'annoncions, si dans la fiction l'auteur se donne des chances que la réalité exclut, il retrouve des interdits. La rêverie ne va pas jusqu'au bout de ses désirs. Le roman ne transforme pas l'incertitude en recherche de paternité. Il s'agit d'une pure sus-

---

2. *Souvenirs d'égotisme*, p. 1415.
3. J. Starobinski, l'*Œil vivant, Stendhal pseudonyme*, p. 192.

pension de la croyance, comme si une ambivalence de sentiments soufflait d'en rester à la suspicion, au demeurant d'une discrétion révélatrice :

> « Les officiers avaient été logés, autant que possible, chez les gens riches ; ils avaient bon besoin de se refaire. Par exemple, un lieutenant nommé Robert eut un billet de logement pour le palais de la marquise del Dingo »[4]

et, un peu plus loin, nous apprenons que :

> « La marquise était alors dans tout l'éclat de sa beauté »[5]

pour aboutir à un renseignement plus précis :

> « Le marquis del Dongo, contrarié de voir tant de gaieté, avait été un des premiers à regagner son magnifique château de Grianta, au-delà de Côme, où les dames menèrent le lieutenant Robert. »[6]

C'est seulement dans une note *Chaper* que Stendhal suggère : « Il passait même dans le temps pour le fils de ce beau lieutenant Robert. »[7] Cette filiation est donc une arrière-pensée. Le lecteur du roman est certain seulement que : « Fabrice venait justement de se donner la peine de naître lorsque les français furent chassés et se trouvait, *par le hasard de la naissance,* le second fils de ce marquis del Dongo. »[8]

L'existence dans les *Mémoires sur Napoléon* d'un passage plus détaillé sur ce militaire providentiel ne fait que souligner la curieuse timidité de Stendhal. J'ai souligné aussi le mot *hasard* dans la citation. Il enferme l'intention essentielle : susciter un anti-destin, qui suffit pour placer dans la rêverie fictionnelle le grain de sable qui pourrait briser la fatalité. Il est évident d'ailleurs que si l'auteur précisait davantage, il changeait la ligne entière du roman.

Ainsi le prologue écrit *pour le plaisir* relève d'une exigence impérieuse, mais que Stendhal est incapable d'expliquer. Il faut qu'au début de son histoire il y ait un désordre en vertu duquel le passé aurait pu être autre qu'il n'est ; dans le même temps il pose la pierre d'achoppement. La filiation juridique demeure, sous la forme symbolique du lieu clos, déjà quasi prison : la forteresse de Grianta :

---

4 et 5. *La Chartreuse de Parme,* p.5-6.

6. *La Chartreuse de Parme,* p. 9.

7. *La Chartreuse de Parme,* p. 450, note 43.

8. *La Chartreuse de Parme,* p. 11, (en romain dans le texte).

« On y voyait encore des ponts-levis et des fossés profonds, à la vérité privés d'eau ; mais avec ces murs de quatre
vingt pieds de haut et de six pieds d'épaisseur, ce château était
à l'abri d'un coup de main ; et c'est pour cela qu'il était cher
au soupçonneux marquis. »[9]

Le dispositif qui se met en place répond donc au désir
d'échapper à soi-même. Le désordre, la confusion, la difficulté
de s'y reconnaître dans des liens de parenté suspects, tout cela
favorise la fuite. Ce dispositif est encore une constante : dans
le Rouge et le Noir, fuite de Verrières ; dans L. Leuwen, fuite de
Nancy ; dans Lamiel, fuite de Carville. Cependant le dispositif
lié à la question du père donne à l'échappée de la Chartreuse
de Parme une force que Stendhal ne retrouvera pas dans ses
autres romans. Le plus souvent, on ne s'affranchit de l'empire
paternel que par un simple changement de milieu ou par des
figures substitutives de la paternité, telles l'abbé Pirard ou Che-
lan. L'ambiguïté liminaire reste encore plus floue. Il faut une
lecture singulièrement attentive pour prêter crédit, dans le Rouge
et le Noir, à la filiation par le vieux chirurgien-major. En outre,
dans ce même roman, l'échec est aussitôt inscrit dans le commencement, suggéré par la célèbre prémonition de l'église. Dès
qu'il est installé dans ses fonctions et avant d'être mis en présence de Madame de Rênal, Julien se rend à l'église de Verrières
pour trouver sur un prie-dieu, le papier imprimé : « Détails de
l'exécution et des derniers moments de Louis Jenrel, exécuté à
Besançon, le... » et Stendhal, on s'en souvient, accentue l'effet
de cette lecture en multipliant les présages :

« Il trouva l'église sombre et solitaire. A l'occasion d'une
fête, toutes les croisées de l'édifice avaient été couvertes
d'étoffe cramoisie... En sortant, Julien crut voir du sang près
du bénitier, c'était de l'eau bénite qu'on avait répandue : le
reflet des rideaux rouges qui couvraient les fenêtres la faisait
paraître du sang. »[10]

Le système était clos, de même que le mouvement du livre
qui se refermait sur son début. Lorsque Julien reviendra dans
l'église pour commettre le meurtre, la première notation est
presque identique :

Toutes les fenêtres hautes de l'édifice étaient voilées avec
des rideaux cramoisis. »[11]

---

9. La Chartreuse de Parme, p. 9.
10. Le Rouge et le Noir, I, p. 44.
11. Le Rouge et le Noir, II, p. 385.

Dans l'intervalle, le sang est sans cesse préfiguré, jusque dans les rêveries macabres de Mathilde. Le système de *la Chartreuse de Parme*, sous l'effet de la suggestion ambiguë, demeure, au contraire ouvert, profite aussi longtemps que possible de cette faille dans le destin; en réalité aussi longtemps que l'équivoque sur la paternité se maintient. On a le sentiment qu'il y a là une donnée que l'auteur voudrait malgré tout retenir, alors que par force elle s'éloigne. Avec le départ des troupes françaises, l'ordre s'est rétabli et la marquise avait seulement « conservé l'habitude d'écrire deux ou trois fois par an au général comte d'A...; c'était le nom actuel du lieutenant Robert. »[12]

Déjà le passé s'efface et l'on sait que par la suite la question de la filiation disparaîtra. Elle aura toutefois joué un rôle fort instructif, car la lancée va nous entraîner jusqu'à l'épisode qui, dans l'optique du roman balzacien, aurait pu être le début véritable : le champ de bataille de Waterloo.

Or, curieuse coïncidence, le point culminant du chapitre se situe au moment où Fabrice se joint à l'escorte du général comte d'A... :

> « Il remarqua en sortant du chemin creux que l'escorte n'était plus avec le maréchal Ney ; le général qu'ils suivaient était grand, mince, et avait la figure sèche et l'œil terrible.
>
> Ce général n'était autre que le comte d'A... le lieutenant Robert du 15 mai 1796. Quel bonheur il eût trouvé à voir Fabrice del Dongo ! »[13]

Etrange caprice et encore combien gratuit, en apparence, de l'imagination stendhalienne ! Quel sens peut revêtir ce nouveau hasard mystérieux, extraordinaire ? Nous n'allons pas tarder à l'apprendre.

L'exclamation mélancolique de l'auteur correspond à la fin de la chance qui a jusqu'ici soutenu l'adolescent, et au début de la première régression. Il est à noter que l'improvisation et son plaisir subissent alors une défaillance. Paul Arbelet rapporte qu'après les premières dictées, Stendhal interrompit brusquement la narration sur cet épisode[14]. Il part en voyage du 12 octobre au 3 novembre. Il fallait donc que l'accident narratif soit d'une importance immense, comme vous allez en juger.

---

12. *La Chartreuse de Parme*, p. 15.

13. *La Chartreuse de Parme*, p. 47.

14. Paul Arbelet, « du nouveau sur la Chartreuse de Parme », *Le Figaro*, 10.9.38.

Le rêve de bâtardise rencontre là sa punition. On a dû s'avancer trop loin. Le père supposé va servir à un acte dont la portée symbolique est, elle, sans équivoque. « Quel bonheur il eût trouvé à voir Fabrice ! » s'exclame Stendhal, mais l'incident qui suit sur le champ la retrouvaille ignorée rend bien dérisoire cette intervention d'auteur :

> « Fabrice entendit un bruit singulier tout près de lui ; il tourna la tête, quatre hommes étaient tombés avec leurs chevaux ; le général lui-même avait été renversé, mais se relevait tout couvert de sang... Il cherchait à s'éloigner de son cheval qui se débattait renversé par terre...
>
> Le maréchal des logis s'approcha de Fabrice. A ce moment notre héros entendit dire derrière lui et tout près de son oreille : c'est le seul qui puisse encore galoper. Il se sentit saisir par les pieds ; on les élevait en même temps qu'on lui soutenait le corps par-dessous les bras ; on le fit passer par-dessus la croupe de son cheval, puis on le laissa glisser jusqu'à terre où il tomba assis. L'aide de camp prit le cheval de Fabrice par la bride ; le général, aidé par le maréchal des logis, monta et partit au galop ; il fut suivi rapidement par les six hommes qui restaient. Fabrice se releva furieux et se mit à courir après eux en criant : ladri ! ladri ! (Voleurs ! Voleurs !)... L'escorte et le général comte d'A... disparurent bientôt derrière une haie de saules. »[15]

Le général disparaît aussi du livre sans retour. Le père présumé, devenu un voleur, a pris la monture du fils. La paternité de rêve s'évanouit. Dans le même temps, tout ce que la figure enferme d'hostile, contenu jusque là par le subterfuge, ressort avec brutalité. Comme en rêve une identité se manifeste soudain sous une autre et le phénomène ici a une curieuse résonance archaïque. Derrière l'équivoque d'abord libératrice, se tient non seulement la violence, le père-rival de la situation œdipienne, mais une sorte de père saturnien qui détruit la puissance du fils. Il le fait tomber et s'empare de l'instrument de sa force... (Association bien connue du cheval et de la virilité). La chute intervient souvent dans les moments cruciaux de la destinée du héros stendhalien, de même que, comme nous aurons l'occasion de le vérifier, la peur de tomber est l'une des obsessions de Beyle. Il se peut que l'un et l'autre soient le reflet d'une menace de castration.

L'épisode est donc gros de conséquences. On constate qu'avec la réapparition, assez longtemps différée, de la paternité haïe,

---

15. *La Chartreuse de Parme*, p. 48.

et dont la virulence est accrue par le traitement rusé que l'écriture lui a fait subir, le mouvement aisé et rapide de l'inspiration s'essouffle une première fois. Nous retrouvons le balancement entre la fuite et le retour, entre le passé et le présent, qui est un trait permanent du romanesque stendhalien. A un certain moment la réalité s'oppose toujours au désir, elle détruit le rêve, elle précipite des hauteurs. Fabrice ne manque pas à la règle :

> « Il défaisait un à un tous ses beaux rêves d'amitié chevaleresque et sublime, comme celle des héros de la *Jérusalem Délivrée*. »[16]

Il commence alors la retraite vers ses origines, retrouvant, chemin faisant, les figures féminines protectrices rencontrées au début de la bataille, en particulier la vivandière. C'est elle qui, avec innocence, met l'accent sur le dispositif de masques qui a servi la libération avortée. Pendant toute la durée de cette fuite, Fabrice a été en effet comme quelqu'un dépourvu de nom, c'est-à-dire d'être, coupé de lui-même par les pseudonymes et l'apparence qu'il s'est donnée, entouré de suspicion. Elle insiste sur cette fausse identité qui, devenue inutile, commence à se détruire. Sur une question du caporal, Fabrice a déjà confondu son nom d'emprunt italien avec le français : « Je m'appelle Vasi... c'est-à-dire *Boulot* ajouta-t-il en se reprenant vivement »[17]. La femme compatissante, *maternelle*, ne s'y laisse pas prendre :

> « Ne m'accusez pas d'être une curieuse, lui dit la cantinière en cessant de le tutoyer ; c'est pour votre bien que je vous fais des questions. Qui êtes-vous, là, réellement ? Fabrice ne répondit pas. »[18]

C'est de toute évidence la question que l'auteur se pose, qu'il pose dans le mouvement de son écriture, et qu'il fuit. Le personnage tente un dernier mensonge sans conviction, on s'en souvient, celui de Vasi-le-Gênois (origines italiennes de sa mère qu'il se complait à imaginer) venu retrouver sa sœur en France, mensonge à partir duquel ses compagnons lui brodent encore un avenir possible, mais qui cette fois est tu :

> « Nous ne rendrons pas compte de la longue discussion sur sa destinée future qui eut lieu entre le caporal et la cantinière. »[19]

---

16. *La Chartreuse de Parme*, p. 48.
17. *La Chartreuse de Parme*, p. 57.
18. *La Chartreuse de Parme*, p. 57.
19. *La Chartreuse de Parme*, p. 59.

Ainsi, en miroir à l'intérieur du roman, Stendhal glisse le mécanisme de son dispositif préliminaire, le ressort caché de son improvisation qui se trouve être le point focal de sa psychologie : une relation d'incertitude entre l'être intime et le paraître ; le premier est mis en question, le second est protection de l'intimité, mais tentation de changer d'être. Ecrire est d'ailleurs encore une façon de paraître, d'échapper à la question de l'identité tout en la posant.

Cependant le dispositif ne peut servir qu'une fois. Ce n'est que vers la fin de sa vie que Stendhal tentera plusieurs relances par une variante du thème : le déguisement. Dans *la Chartreuse de Parme*, l'arrêt momentané de la narration remet entièrement en cause le départ manqué. L'identité doit être maintenant réorganisée, mais elle va l'être en fonction de l'autre lien parental, jusqu'ici resté dans l'ombre ou présent seulement par des silhouettes qui assument fugitivement son rôle.

LA GENÈSE DE LA FIGURE MATERNELLE

On peut se demander en effet d'où peut provenir la singulière attitude dont nous venons de voir la projection romanesque : cette protection vigilante de l'intériorité doublée d'une mise en question des origines : chercher à se trouver en fuyant. L'hostilité à la figure paternelle peut certes se traduire en cette arrière-pensée : je désire que mon être dérive tout entier de la lignée maternelle, et les écrits intimes de Beyle trahissent sans équivoque une préoccupation de ce genre. On s'attendrait donc à déceler chez l'écrivain le complexe d'Œdipe classique. En réalité, la situation est plus embrouillée. Le signe de la maternité dans *la Chartreuse de Parme* a un étrange caractère de fluidité. Il court d'une figure à l'autre. La question *qui suis-je ?* intéresse les deux pôles de la parenté. Il y a une incertitude aussi du côté maternel, mais de tout autre nature. On sait qu'elle est, en un sens, sans mystère et il faut quitter un court instant le texte pour en rappeler l'origine : la mère est une *figure perdue,* et dès le plus jeune âge. On a affaire ici non pas à une présence obnubilante, envahissante ou écrasante, mais à une privation, à un fantôme. On peut estimer que le résultat est le même. Toutefois dans l'écriture les conséquences sont différentes.

La recherche de soi ou l'épreuve à laquelle le héros stendhalien cherche à se soumettre (l'épreuve est une voie de connaissance. L'équivalence est sans cesse soulignée. La manière dont je me comporterai montrera qui je suis) s'opère en effet comme sous la présence d'un regard occulte, doublement paralysant. D'un côté l'adolescent ignore ce que l'on attend de lui, de l'autre il ignore quel est exactement l'héritage de l'absente. A la relation d'incertitude de tout à l'heure correspond un principe d'incertitude ménagé dans l'être par le destin et qui condamne à l'insécurité. Comment en avoir le cœur net ? Bâtardise et transferts de lignée sont comme des hypothèses incertaines et pleines de risques : de là cette apparence de coup de dés donnée souvent aux épreuves. Il faut certes prendre un risque, mais celui-ci intéresse plus la défaillance possible de l'agent que la situation objective. Le trait est surtout sensible dans le *Rouge et le Noir* où l'épreuve se présente le plus souvent sous forme d'alternative à dénouement tragique :

> « Neuf heures trois quarts venaient de sonner à l'horloge du château sans qu'il eut encore rien osé. Julien indigné de sa lâcheté, se dit : au moment précis ou dix heures sonneront, j'exécuterai ce que pendant la journée je me suis proposé de faire ce soir ou je monterai chez moi me brûler la cervelle. »[1]

et, un peu plus loin, même genre de résolution :

> « Madame, cette nuit à deux heures, j'irai dans votre chambre, je dois vous dire quelque chose.
>
> Julien tremblait que sa demande ne fut accordée... Je lui ai dit que j'irais chez elle à deux heures, se dit-il en se levant, je puis être inexpérimenté et grossier... mais du moins je ne serai pas faible... Jamais il ne s'était imposé une contrainte plus pénible. »[2]

et ce sera encore à une heure sonnant qu'il se décidera plus tard à dresser son échelle contre la fenêtre de Mathilde. Ce destin énigmatique, il faut le forcer, mais :

> « De sa vie, Julien n'avait eu autant de peur. Il ne voyait que les dangers de l'entreprise et n'avait aucun enthousiasme. »[3]

On multiplierait sans peine les exemples. L'audace juvénile dissimule la peur et le désarroi. Le héros agit contre lui-même, contre son désir et c'est précisément la spontanéité qui le perdra car elle va dans le sens de la régression.

Ce retour de flamme destructeur est beaucoup moins sensible dans la *Chartreuse de Parme* où le caractère du héros est dépourvu d'intellectualisme. Le souci de s'éprouver n'en subsiste pas moins, mais éclairé sous un autre angle et la perspective intéresse peut-être une région plus profonde de la personnalité. Il ne s'agit plus de savoir si l'on est capable de se construire à tout prix une apparence. Julien Sorel se comportait comme l'acteur de son ambition qui ne correspondait à aucune nécessité de son être, du moins sur le plan affectif. Pour Fabrice, il s'agit plus simplement de chercher à s'accomplir. Si partir est tenter d'échapper au père, c'est aussi entreprendre un voyage initiati-

---

1. *Le Rouge et le Noir*, I, p. 95, chap. IX.
2. *Le Rouge et le Noir*, chap. XV, p. 150, 151.
3. *Le Rouge et le Noir*, II, chap. XVI, p. 190.

que. S'il va au devant des aventures, il ne cherche jamais, lui, à forcer le destin. Le premier était anticipation artificielle de soi, le second est attente de soi. Quand on approche de la bataille :

> « La vivandière vit trois ou quatre soldats des nôtres qui venaient à elle courant à toutes jambes ;... elle courut se cacher à quinze ou vingt pas... Donc se dit Fabrice je vais voir si je suis un lâche ! Il s'arrêta auprès de la petite voiture abandonnée et tira son sabre. »[4]

La vérification, on le sait, ne se fera qu'un peu plus tard et il y aura d'autres attentes du même genre. Le monde, avec ce qu'il comporte d'imprévisible, contribue directement à la lecture de l'identité, et comme cette lecture n'est pas liée à une équation plus ou moins artificielle, elle intéresse davantage l'être. Toutefois, en vertu de l'hypothèque préliminaire, celui-ci comporte une frange d'obscurité plus grande, peut-être à jamais opaque.

Dans le *Rouge et le Noir*, une sorte d'équilibre s'établissait dès le début entre l'aspiration ambitieuse et les visées du désir. Sur la relation père-fils, violemment hostile, se greffait aussitôt la conquête de l'amante maternelle sans qu'une allusion quelconque soit faite à la mère de Julien. Curieusement, on nous présente seulement le père Sorel et ses trois fils, mais de quelle femme sont-ils nés ? Le fantôme demeurait invisible.

Au contraire, dans la *Chartreuse de Parme*, l'ombre est active : elle circule, on l'a vu, sous diverses apparences, elle tâtonne avant de se fixer pour un temps sur Gina Sanseverina. La correspondance avec le subconscient de l'écrivain est plus fidèle. On peut comprendre en effet cette mouvance de la figure maternelle à partir du statut particulier de son image. Celle-ci appartient surtout à l'infra-mémoire, c'est-à-dire à la mémoire antérieure au langage constitué et partant elle est autant nostalgie que figure précise ; elle est disponible pour de multiples incarnations, dans la mesure où la distance temporelle, l'impossibilité de la fixer par les mots ont effacé son relief. Elle ne peut être qu'une figure brouillée, empreinte, dirait-on, d'un bougé photographique[5] : d'où l'étonnante confusion qui règne au départ dans les sentiments de Fabrice, confusion d'ailleurs assez peu vraisemblable dans une optique réaliste. Après tout, la béance énigmatique de la filiation, dans *le Rouge et le Noir*, a disparu. La mère de Fa-

---

4. *La Chartreuse de Parme*, p. 39.

5. Jean Prévost parle de « Technique du flou » à propos de la présentation de Clélia. *La création chez Stendhal*, p. 353.

brice existe en la personne de la marquise del Dongo ! Or c'est d'abord à Gina que le héros va dévoiler ses aspirations et annoncer son départ. Au retour, on sait qu'il trouve « à son hôtel vingt lettres de sa mère et de sa tante »[6]. Seules celles de Gina semblent compter... Présage de l'inclination ambiguë qui va l'occuper plus loin, sans doute, mais le lecteur reste frappé à la fois du peu de consistance du personnage de la marquise et de l'éparpillement des sentiments qui, en principe, devraient être concentrés sur elle ; au point que la conduite de Fabrice ressemble en effet à celle qu'il pourrait avoir à l'égard d'une morte. Il s'agit bien d'une présence-absence, presque l'équivalent d'un symbole, et ce symbole tire à lui toutes les forces de l'affectivité en négligeant la personne vivante. Le départ a été précédé d'une sorte de pèlerinage. Le destin est interrogé à sa source sous l'espèce de l'arbre :

> « Tu sais, ajouta-t-il à voix basse en se rapprochant de la comtesse... tu sais ce jeune marronnier que ma mère, l'hiver de ma naissance, planta elle-même au bord de la grande fontaine dans notre forêt, à deux lieues d'ici : avant de rien faire, j'ai voulu l'aller visiter. Le printemps n'est pas trop avancé, me disais-je : eh bien ! si mon arbre a des feuilles, ce sera un signe pour moi... Le croirais-tu, Gina ? hier soir à sept heures et demie j'arrivais à mon marronnier, il avait des feuilles déjà assez grandes ! »[7]

Il y a donc un présage, c'est-à-dire une apparence de coup de dés ou d'anti-destin, mais seulement une apparence. L'arbre « répond », tel un oracle consulté. Si l'on songe aux circonstances de son existence et de sa croissance, la recherche du signe favorable équivaut à demander son accord à l'ombre, accord que la logique commanderait de demander à la Marquise, alors qu'il ira la trouver quand sa décision sera prise :

> « La marquise fondit en larmes en apprenant l'étrange projet de son fils ; elle n'en sentait pas l'héroïsme et fit tout son possible pour le retenir. »[8]

Or, personnage vivant, elle est sans prestige et n'a pas la moindre autorité sur son fils. Dans le Rouge, le héros se fabriquait des signes. Celui, plus subtil, de la Chartreuse de Parme va les chercher dans son passé. Il veut l'assentiment d'un passé dont

---

6. La Chartreuse de Parme, p. 72.
7. La Chartreuse de Parme, p. 28.
8. La Chartreuse de Parme, p. 29.

il ressent l'obscure influence, symbolisée par les feuilles prophétiques de l'arbre :

> « Je les baisai sans leur faire de mal. J'ai bêché la terre
> avec respect autour de l'arbre chéri. »[9]

Placé sous un tel présage, le départ acquiert une nouvelle signification : partir, c'est non seulement faire *comme si* l'empire du père détesté était détruit, mais aussi obéir à l'injonction muette de la figure perdue et encore, d'une certaine manière, chercher à la retrouver. En bref, nous retombons dans une constante des situations stendhaliennes : dans l'échappée, il y a toujours en filigrane la quête d'une dépendance. Cela revient à sous-entendre — vous le vérifiez sans cesse — que l'on part pour revenir, que l'échec est inscrit dans la tentative, que l'on doit retomber à la fin dans la prison primitive où se découvre, bien entendu, le bonheur non rencontré sur les routes.

On pourrait s'interroger au passage sur les résonances symboliques de l'arbre. Force immobile, produit d'une semence, il se rattache à la terre nourricière, en même temps qu'il évoque la généalogie. Faut-il à tout prix le charger de sexualité ? Freud lui-même nous met en garde contre l'abus des symboles :

> « Cette symbolique... on la retrouve dans toute l'imagerie
> inconsciente, dans toutes les représentations collectives...
> Parmi les symboles employés, il en est beaucoup qui ont pres-
> que toujours le même sens, mais il ne faut pas perdre de vue
> la plasticité du matériel psychique. »[10]

Tout cela est bien connu, et il paraît abusif en l'occurrence d'assigner à l'arbre une fonction précise[11].

---

9. *Idem*, p. 28.
10. Freud, *La Science des Rêves*, p. 193.
11. Parmi les interprétations psychanalytiques étroites, on peut citer celle de M. Martin Turnell (*The Novel in France*, p. 199). Il commente ainsi le détour de Fabrice pour revoir l'arbre, lors du second départ : Ce passage, comme la descente imaginaire de Phèdre au labyrinthe, me paraît être l'un de ceux, fort rares dans la grande littérature, où les symboles freudiens permettent d'expliquer en totalité les mobiles du personnage, tout en contribuant à la valeur esthétique du texte. L'arbre est un symbole phallique. *La ligne la plus courte* représente pour Fabrice la tentation de quitter la forêt, lieu de ses conflits... Mais il résiste et l'*énorme détour* est le combat pour reprendre possession de sa virilité. La peur que son frère, toujours associé au père-tyran, ait coupé l'arbre, représente la peur de la castration... »
Peut-être... Je me demande pour ma part si cette lecture nous éclaire beaucoup. Il est à noter que Jean Prévost a vu, lui dans la *branche cassée* (l'organe viril coupé de Turnell) la prémonition de la mort de Sandrino !

Il semble seulement investi d'une potentialité psychique diffuse qui intéresse le problème des origines plus sans doute que l'origine de la virilité.

Dans le même ordre d'idées, on remarque que s'il y a souvent association entre arbre et désir, le marronnier de Fabrice est jeune et fragile, alors que Julien Sorel hasardera sa déclaration par geste sous l'ombrage d'un tilleul immense... Déclaration ? plutôt prise de possession. Là tout est plus schématique, plus violent, sans détours ni voiles. La force régressive du désir se manifeste sans cesse pour faire échec aux calculs. Dans *la Chartreuse de Parme*, cette force agit avec lenteur, elle reste enveloppée, douce et persuasive.

On pourrait dire ici, pour laisser l'arbre de côté, que, de par une modification mystérieuse des compulsions inconscientes, l'attachement de Fabrice au passé a perdu son caractère d'obstacle à vaincre. La comparaison avec Sorel est encore instructive. Je prendrai pour exemple la première et la dernière visite nocturne à Madame de Rênal :

> « Il n'avait aucun projet et quand il en aurait eus, il se sentait tellement troublé qu'il eut été hors d'état de les suivre... Il devait à l'amour qu'il avait inspiré et à l'impression *imprévue* qu'avaient produit sur lui des charmes séduisants, une victoire à laquelle ne l'eût pas conduit toute son adresse si maladroite. »[12]

Même surprise, lors de la visite qui précède le départ pour Paris :

> « Julien se précipita dans ses bras, réellement sans projet et hors de lui... Mais Madame de Rênal le repoussa... Ainsi, après trois heures de dialogue, Julien obtint ce qu'il avait désiré avec tant d'ardeur pendant les deux premières. Un peu plus tôt arrivés le retour aux sentiments tendres, l'éclipse des remords chez Madame de Rênal eussent été un bonheur divin ; ainsi obtenus avec art, ce ne fut plus qu'un plaisir ».[13]

Vous ne retrouverez à peu près rien dans *la Chartreuse de Parme* de ces pertes de contrôle, plutôt de ces oublis du rôle que le héros cherche à jouer et qui finiront par le perdre. La dimension sexuelle du désir est repoussée presque complètement à l'arrière-plan, et sans doute cette éclipse n'est pas sans rapport avec l'hésitation marquée de l'auteur pour élire une figure pré-

---

12. *Le Rouge et le Noir*, XV, I, p. 152, (tout en romain dans le texte).
13. *Le Rouge et le Noir*, XXX, I, p. 374 et 378.

cise qui soit investie de la fonction maternelle, puis avec le dédoublement qu'il lui fera subir. Le consentement au passé s'accompagne, semble-t-il, d'une censure plus efficace qui engendre des dérivations et leurre le désir sur ses fins.

Pendant l'imbroglio assez peu vraisemblable de la conspiration qui prépare une nouvelle relance de l'inspiration et l'emprisonnement à la tour Farnèse, cette ambiguïté s'accentue :

> « A son retour en France, Fabrice parut aux yeux de la comtesse Pietranera comme un bel étranger qu'elle eut beaucoup connu jadis. S'il eut parlé d'amour, elle l'eut aimé.. Mais Fabrice l'embrassait avec une telle effusion d'innocence reconnaissante et de bonne amitié qu'elle se fut fait horreur à elle-même si elle eut cherché un autre sentiment dans cette amitié presque filiale. »[14]

et peu de temps auparavant, lors de l'épisode des gendarmes, elle l'a fait précisément passer pour son fils, alors que Fabrice s'apprêtait à révéler son identité à Clélia Conti qui vient d'apparaître dans le livre :

> « Bon ! ... voilà comme tu sais garder l'incognito ! Mademoiselle, daignez vous rappeler que ce mauvais sujet est mon fils et s'appelle Pietranera et non del Dongo. »[15]

L'adolescent, lui, demeure dans un état de parfaite ingénuité. Le triangle de la parenté évolue de variante en variante alors qu'il en est le point neutre. Bien plus, tandis que le signe maternel passe de la Marquise à Gina en s'égarant un temps sur la vivandière et Aniken, la neutralité, mieux la passivité du héros s'accentue en tout ce qui intéresse ce domaine. Le rêve de gloire militaire s'est effacé pour le céder à l'état ecclésiastique qui, en principe, implique renoncement et chasteté.

Tout se passe donc comme si, dans le même temps que le dernier état substitutif du triangle se forme (Gina-Fabrice-Mosca), l'*improvisation* eut dicté la recherche d'un état destiné à illustrer le rêve d'une protection contre les égarements du désir, contre ses tourments ; état dans lequel, bien entendu, on ne demeure pas, mais par où l'on passe toujours. En vérité si le phantasme maternel circule de façon si capricieuse, c'est qu'il doit rester à l'abri des impulsions : d'où ce rempart dressé par cet habit noir dont la couleur symbolise à la fois la culpabilité, l'austérité

---

14. *La Chartreuse de Parme*, p. 89.
15. *La Chartreuse de Parme*, p. 80.

et la mort[16]. Déjà dans *le Rouge et le Noir*, on remarque que l'entrée au séminaire, bien que prélude à l'ambition, fait suite à la maladie des enfants et à la période où le bonheur des amants « avait quelquefois la physionomie du crime »[17].

Cependant à l'époque de *la Chartreuse de Parme*, Stendhal ne s'engage plus dans ces chemins, Le *noir* a d'ailleurs perdu de sa tonalité sinistre et maléfique. Il est probable que cette évolution est liée à celle du triangle de la parenté ; évolution qui, comme nous venons de le voir, a presque expulsé le désir (trouvaille qui, entre parenthèses, soutient l'admirable réussite romanesque des rapports entre Gina et Fabrice). Il est même permis de se demander si Stendhal ne l'avait pas cherché en vain dans *le Rouge et le Noir*, commettant une erreur dans le choix du caractère de Mathilde, incompatible avec ce rôle. Ici, l'improvisation souffle presque d'emblée ce que l'écriture plus réfléchie de l'autre roman n'avait pas trouvé, et qui est en correspondance directe avec le climat affectif profond de l'écrivain.

Répétons-le : le phantasme maternel ne peut avoir le statut qu'il aurait eu s'il eut dominé longtemps le développement émotionnel et intellectuel de Beyle, comme cela s'est produit par exemple chez Proust. Il y a eu privation précoce et absence : le désir a gardé quelque chose de son ingénuité infantile. A cet égard le sens de la transposition de la figure est significatif. On se dirige toujours de ce qui est à ce qui aurait pu être, par nécessité plus ambigu, mais on va aussi de la maternité réelle à une maternité idéale, à une sorte de produit archétypal de la rêverie. Ce passage, on pourrait parler d'*angélisation* (et nous retrouverons bientôt ce terme d'une extrême importance dans l'univers stendhalien), ne se produit pas dans le *Rouge*, sauf peut-être à la fin ; d'où la dureté du livre. Dans *la Chartreuse de Parme*, l'ombre adorable rôde autour des vivants pour infuser son charme trouble, mais tel celui de la reconnaissance.

Tous ces traits, on dirait volontiers ces symptômes, apparaissent lorsque Fabrice prend enfin conscience, presque malgré lui, de l'ambiguïté. Il redoute donc de nouer avec Gina une relation quasi incestueuse, il n'est qu'hésitations :

> « La position où le hasard me place n'est pas tenable, se disait-il. Je suis bien sûr qu'elle ne parlera jamais, elle aura horreur d'un mot trop significatif comme d'un inceste. Mais si

---

16. Cf. l'analyse de Béatrice Didier, postface du R. (Folio), p. 598.
17. *Le Rouge et le Noir*, I, XIX, p. 201.

un soir, après une journée imprudente et folle, elle vient à faire l'examen de sa conscience, si elle croit que j'ai pu deviner le goût qu'elle semble prendre pour moi, quel rôle jouerai-je à ses yeux ? exactement le *Casto Giuseppe* (proverbe italien, allusion au rôle ridicule de Joseph avec la femme de l'eunuque Putiphar). »[18]

mais aussi :

« C'est que réellement Fabrice aimait la duchesse de bien loin plus qu'aucun être au monde »[19] et « d'un autre côté il ne pouvait se résoudre à gâter un bonheur si délicieux par un mot indiscret... La Duchesse d'ailleurs, trouvait quelque chose d'horrible dans l'idée de faire l'amour avec ce Fabrice qu'elle avait vu naître. »[20]

En un mot, le seul être au monde pour qui Fabrice « eut un attachement passionné »[21] doit demeurer à une certaine distance appuyée sur le silence du langage, pour que cette incertitude trouble qu'il nomme le bonheur ne se dissipe pas. Cette distance, condition de l'amour, est d'une importance capitale. Elle réapparaît sans cesse.

C'est une distance que l'habit noir détermine. Lorsque Fabrice retrouve sa mère à Belgirate :

« C'était avec une tendresse infinie que le souvenir de la Duchesse se présentait maintenant à lui ; il lui semblait que *de loin* il prenait pour elle cet amour qu'il n'avait jamais éprouvé pour aucune femme. »[22]

Vous remarquez en outre que l'effet magique de ce lointain se produit auprès d'un lac qui rappelle celui près duquel il a passé son enfance... Ici transparaît l'équivalent d'un amour pénétré de l'innocence enfantine, dont il est clair qu'il ne veut pas sortir — et l'amour de son enfance n'est-il pas marqué par l'absence, autre forme de la distance. Celle qu'il va retrouver plus tard dans la contemplation, par la fenêtre de la prison, d'une figure quasi fantomatique encore, protégée du pernicieux désir par les murailles de la forteresse.

Il n'y a donc rien d'étonnant dans l'aveu qu'il est

« sans amour ; la nature m'a privé de cette sorte de folie sublime... Je crois encore entendre la duchesse d'A... et je me

---

18. *La Chartreuse de Parme*, p. 139.
19. *La Chartreuse de Parme*, p. 139
20. *La Chartreuse de Parme*, p. 139 et 144.
21. *La Chartreuse de Parme*, p. 139.
22. *La Chartreuse de Parme*, p. 145, (en romain dans le texte).

moquais de la duchesse ! Elle croira que je manque d'amour pour elle, tandis que c'est l'amour qui manque en moi. »[23]

Ainsi, avant même de tenter de partir, il est prisonnier sans le savoir. Ce qu'il redoute et ce qui l'attire c'est l'être susceptible de lui présenter comme le mirage de l'amour perdu. Il ne peut y répondre car son essence subtile tient dans cette ambiguïté fragile que le moindre geste, le moindre mot feraient basculer dans le désir ou le néant. La figure maternelle est finalement une figure magique, suspendue aux rites de son apparition. Les véritables rapports amoureux de *la Chartreuse de Parme* seront faits de regards, de signes à distance, de silences...

---

23. *La Chartreuse de Parme*, p. 140.

LE SECOND DÉPART ET LE PAYSAGE DE NUIT

Cette élaboration complexe de la figure maternelle domine la seconde fuite qui, de ce fait, s'inscrit dans une perspective différente de la première. Celle-ci reposait sur le subterfuge de la fausse paternité et elle était tentative réelle d'affranchissement. Le héros voulait échapper au destin par rejet du patronyme. Le nouveau départ est au contraire lié aux arcanes du passé, à ses chaînes. Il va être l'accomplissement du destin.

Maintenant aucun désordre historique ne peut plus intervenir. Il n'est plus question de chercher à se donner une essence par l'action, à la manière sartrienne. Il devient évident qu'elle précède l'existence. Si le héros désire savoir qui il est, il ne doit plus espérer de révélation par l'épreuve, mais se tourner vers son passé ; bien plus, son avenir y est inscrit.

Toutes les trouvailles de l'improvisation vont dans ce sens, en particulier le long passage statique consacré au voyage vers les sources. L'épisode, intitulé *paysage de nuit* forme une charnière dans la construction du roman, charnière si révélatrice des arrière-pensées du narrateur que celui-ci songe en l'écrivant à le supprimer ou du moins à sa coupure éventuelle :

> « L'objet de cette course et les sentiments qui agitèrent notre héros pendant les cinquante heures qu'elle dura sont tellement absurdes que sans doute, dans l'intérêt du récit il eût mieux valu les supprimer. »[1]

Ruse de l'auteur, bien sûr, que cette intervention, mais elle n'en traduit pas moins une résistance voilée. Ce voyage en effet — Belgirate pour revoir sa mère, Cômo puis Grianta où il va consulter l'abbé Blanès — va nous entraîner dans un domaine parfaitement irrationnel, qui fait contraste avec l'intellectualisme affiché par Stendhal.

1, 2. *La Chartreuse de Parme*, p. 146.

On reconnaît à peine l'adolescent de Waterloo en celui qui accompagne sa mère jusqu'à un port d'embarquement sur le lac Majeur, pour, la nuit venue, se mettre à suivre sa trace à la dérobée :

> « A peine la nuit fut-elle venue qu'il se fit débarquer sur cette même rive autrichienne... Il avait loué une *sediola*, sorte de tilbury champêtre et rapide, à l'aide duquel il put suivre, à cinq cent pas de distance, la voiture de sa mère ; il était déguisé en domestique. »[2]

et s'abandonner avec passivité à ses sensations sur la rive nocturne d'un lac, celui de son enfance, y goûter déjà le bonheur de la rêverie immobile. Comme nous sommes loin des images d'envol et de l'ambition ! Quel changement dans l'écriture !

> « Les eaux et le ciel étaient d'une tranquillité profonde ; l'âme de Fabrice ne put résister à cette beauté sublime ; il s'arrêta puis s'assit sur un rocher qui s'avançait dans le lac, formant un petit promontoire. Le silence universel n'était troublé à intervalles égaux, que par la petite lame du lac qui venait expirer sur la grève... Assis sur son rocher isolé... protégé par la nuit profonde et le vaste silence, de douces larmes mouillèrent ses yeux, et il trouva là, à peu de frais, les moments les plus heureux qu'il eût goûtés depuis longtemps. »[3]

Le nouveau *promeneur solitaire* sur ce théâtre, nocturne comme tout ce qui intéresse l'affectivité, va prêter alors un serment étrange. La Duchesse, parce qu'elle est maintenant *à distance* ainsi qu'une image mémorielle, occupe davantage sa pensée et par ailleurs il vient de suivre le chemin parcouru par sa mère :

> « Il résolut de ne jamais dire de mensonge à la duchesse et c'est parce qu'il l'aimait à l'adoration *en ce moment* qu'il se jura de ne jamais lui dire qu'il l'aimait ; jamais il ne prononcerait le mot d'amour, puisque la passion que l'on appelle ainsi était étrangère à son cœur. »[4]

La contradiction à deux lignes de distance laisse d'abord le lecteur perplexe puis il s'aperçoit qu'elle est d'ordre verbal. De quel amour s'agit-il ? Le mot peut enclore deux sens que la langue ne distingue pas et qui n'intéresse pas le même niveau de conscience. L'adoration est la forme d'amour qui, à travers l'image de la duchesse, va au fantôme ; l'autre est celle que le désir hante ; distinction que lui même conçoit mal et qui va

---

3, 4, 5. *La Chartreuse de Parme*, p. 147.

l'entraîner peu après à la résolution de lui dire qu'il l'aime par aveu de son impuissance à aimer ! Toutefois, par cette déclaration insolite, il continue de se protéger contre celle qui est informulable :

> « Dans l'enthousiasme de générosité et de vertu qui faisait sa félicité en ce moment, il prit la résolution de lui tout dire à la première occasion : son cœur n'avait jamais connu l'amour. Une fois ce parti courageux bien adopté, il se sentit comme délivré d'un poids énorme. »[5]

En effet sa crainte constante est que l'un soit pris pour l'autre, ne se mêle à l'autre, qu'il y ait erreur sur la signification de l'amour que l'on oserait déclarer ou que l'on appellerait. Le héros ingénu de *la Chartreuse de Parme* est comme instruit par l'expérience du héros rusé qui, dans *le Rouge et le Noir* ne parvient jamais bien à faire les distinctions nécessaires. Là est l'origine des stratégies et des perpétuelles hésitations que l'auteur partage avec ses créatures. Le *paysage de nuit*, paysage affectif de Fabrice, est le reflet exact de celui de Beyle, avec sa barrière montagneuse symbolique que l'on ne refranchira plus :

> « Déjà l'aube dessinait par une faible lueur blanche, les pics des Alpes qui s'élèvent au nord et à l'orient du lac de Côme. »[6]

et la présence de cet obstacle, bien entendu intérieur aussi, oriente la recherche de soi-même vers un examen direct du destin, alors que dans les romans précédents et dans le chapitre-prologue, sa révélation était attendue à partir d'une expérience de l'histoire. Il y a presque, comme nous l'annoncions, la transformation d'une philosophie qui était celle de Sorel et de Lucien Leuwen, désireux d'éprouver leur valeur, du Stendhal épris d'audace et d'énergie, prodigue en professions de foi rationalistes. Dès que l'on s'exprime en termes de destin, il faut supposer que l'expérience et l'histoire ne peuvent à peu près rien modifier de ce qui est inscrit au for de l'être. Il porte en lui une fatalité et seule la connaissance de sa nature pourrait dans une certaine mesure en atténuer les effets. La fatalité existe aussi, il est vrai, dans *le Rouge et le Noir*, mais elle est dédaignée, on passe outre... Le roman commence donc ici, par la lecture des présages, par le recours à l'astrologie, à basculer dans le fabuleux. Désormais il va baigner dans un climat onirique qui fait un fort

---

6. *La Chartreuse de Parme*, p. 147.

contraste avec celui du début. On serait tenté de dire que *la Chartreuse de Parme* est un roman d'apprentissage pris à rebours.

Cependant Stendhal, déjà hésitant, ne s'engage pas dans cette voie sans précautions. Elle est trop éloignée de son personnage, de son intellectualisme apparent qui à la vérité n'est qu'une défense. Il introduit donc une distinction significative entre la pensée de l'adulte et celle de l'enfant. Fabrice, à la vue du clocher de Grianta où l'abbé Blanès pratique l'observation des étoiles et l'astrologie, reconsidère son scepticisme en fonction des coïncidences qui l'ont servi :

> « S'il ne faut pas croire à l'astrologie, si cette science est, comme les trois quarts des sciences non mathématiques, une réunion de nigauds enthousiastes et d'hypocrites adroits et payés par qui ils servent, d'où vient que je pense si souvent et avec émotion à cette circonstance fatale ? Jadis je suis sorti de la prison de B... mais avec l'habit et la feuille de route d'un soldat jeté en prison pour de justes causes. »[7]

et l'auteur intervient pour expliquer que son personnage est trop jeune pour soumettre son imagination à la raison et « regarder avec patience les particularités réelles des choses pour ensuite deviner leurs causes »[8] ; mais il ajoute aussitôt, devinant lui, sans pouvoir peut-être l'exprimer en termes propres, la nature de ce destin qu'on va chercher à lire par des moyens qui choquent la raison :

> « C'est ainsi que, sans manquer d'esprit, Fabrice ne put parvenir à voir que sa demi-croyance dans les présages était pour lui une religion, une impression profonde reçue à son entrée dans la vie. Penser à cette croyance, c'était sentir, c'était un bonheur. »[9]

Stendhal se met lui-même en question, en ce qu'il est devenu par rapport à ce qu'il a été, mais qu'il est sans doute encore au plus secret de son être. « Une impression profonde reçue à son entrée dans la vie »... Que de nostalgie dans cette plongée vertigineuse ! Et nous savons maintenant ce que c'est que *sentir* : c'est ranimer en un instant l'être perdu du passé ou si l'on préfère, un naturel perdu qui n'est presque jamais rejoint, si ce n'est en brefs éclairs par le biais de la tendresse ou de l'art qui s'y accorde, la musique :

---

7. *La Chartreuse de Parme*, p. 148.
8. *La Chartreuse de Parme*, p. 149.

« Et son âme était frappée de respect et attendrie ; et il eût éprouvé une répugnance invincible pour l'être qui eût nié les présages, et surtout s'il eût employé l'ironie. »[10]

Le ton dans lequel il est passé maître et qui permet d'éviter de s'attendrir en révélant ce qui pourrait susciter l'attendrissement, en particulier ce temps perdu des croyances dont nous portons l'empreinte, en prenant le mot au sens propre ; temps dans lequel Fabrice est encore à demi engagé...

La chance de Stendhal, dans ce roman, sans laquelle il n'aurait sans doute pu emprunter cette voie régressive, est d'avoir choisi un héros qui n'obéit guère qu'à ses impulsions, qui peut donc s'abandonner sans réserve à l'appel des formes anciennes du bonheur. Le passé contient toutefois aussi les causes des malheurs futurs.

Une constellation significative surgit bientôt de la rêverie :

« Il marchait sans s'apercevoir des distances, et il en était là de ses raisonnements impuissants, lorsqu'en levant la tête il vit le mur du jardin de son père. »[11]

Un mur, c'est-à-dire un obstacle, avant de parvenir à cette région située en hauteur,

« une belle terrasse à plus de quarante pieds au-dessus du chemin. »[12]

Chez Stendhal, on le sait, le lieu élevé est d'ordinaire associé aux transports amoureux, et difficile d'accès. Il y a ici exception. Cependant la nature de l'obstacle nous est révélée sans le moindre déguisement. Après une vague réflexion sur l'architecture, Fabrice :

« détourna la tête avec dégoût ; les sévérités de son père et surtout la dénonciation de son frère Ascagne au retour de son voyage en France lui revinrent à l'esprit. »[13]

L'équation du destin à laquelle nous sommes parvenus par degrés a donc malgré tout une apparence classique : haine du père rival, attachement passionné à la mère disparue... On remarque toutefois certaines anomalies, dues peut-être à une distraction de la plume emportée par son mouvement, car cette distraction elle-même, ces sévérités du père, on les trouve avec difficulté dans le roman. L'enfance de Fabrice paraît avoir été insouciante et heureuse :

11, 12, 13. *La Chartreuse de Parme*, p. 149.

> « Nous glissons sur dix années de progrès et de bonheur
> de 1800 à 1810 ; Fabrice passa les premières au château de
> Grianta, donnant et recevant force coups de poing au milieu
> des petits paysans du village, et n'apprenant même pas à
> lire. »[14]

et l'on se souvient aussi des escapades nocturnes sur le lac,
de la douce sonorité des cloches propagée sur les eaux à l'époque
de la croyance sans réserve aux présages. Il y a donc là une sorte
d'interférence. La distraction de la plume prolonge l'intrusion
d'auteur devenue identification furtive au personnage, et parfois
au détriment de la cohérence. Par ce travers l'auteur se livre en
même temps qu'il brouille sa piste. La dissimulation est cor-
rélative de l'exhibition[15]. A mon sens, l'intervention dans *la Chartreuse de Parme* va plus loin que les exigences de l'égotisme. Elle
n'est pas toujours une habileté narrative dans la mesure où,
comme nous venons de le voir, l'auteur oublie ses confidences épi-
sodiques. Par instants, nous ne savons plus qui parle. Il n'en reste
pas moins que ces distractions sont précieuses. Elles laissent
entrevoir une réalité sans doute déformée par le travail de
l'inconscient. Nous aurons l'occasion de le vérifier dans la seconde partie de cette étude.

Pour en revenir au roman dont le point de départ se retrouve
ici, on remarque qu'avec cette seconde apparition du château
paternel, le germe perturbateur que le lieutenant Robert aurait
pu autrefois y déposer est laissé de côté. Nous rentrons dans
l'ordre de la filiation juridique, si ce n'est réelle, et les relents
de la haine primitive semblent imprégner le paysage et son
« grand édifice noirci par le temps »[16], sur lequel Fabrice jette
à peine un regard. Cette haine corrompt le plaisir qu'il pourrait
prendre à l'évocation du temps de l'enfance. Là encore la question se pose de savoir qui parle :

> « Le noble langage de l'architecture le trouva insensible ;
> le souvenir de son frère et de son père fermait son âme à
> toute sensation de beauté. Il n'était attentif qu'à se tenir sur
> ses gardes en présence d'ennemis hypocrites et dangereux...
> Le caractère de son père avait dépouillé de tout charme les
> souvenirs de la première enfance. »[17]

---

14. *La Chartreuse de Parme*, p. 12.
15. Je renvoie sur ce thème à la minutieuse étude de Georges Blin
dans *Stendhal et les problèmes du roman*.
16. *La Chartreuse de Parme*, p. 150.
17. *La Chartreuse de Parme*, p. 150.

L'auteur continue de rêver à travers le personnage, mais cette rêverie va prendre maintenant une orientation intéressante. Elle suggère en effet une attitude qui permet souvent de neutraliser en partie les conséquences nocives de l'Œdipe : l'image paternelle détestée va subir un déplacement vers la génération antérieure. Sans doute avons-nous là l'explication de la liaison insolite entre la paternité et les lieux hauts. La terrasse nous renvoie aussitôt à un clocher et à un vieillard à qui le rôle de la paternité affectueuse et protectrice est toujours dévolu : abbé Chélan, Blanès, etc.

Faire dériver sur l'aïeul les traits de la paternité idéale est une conduite de défense efficace car le vieillard, aux yeux de l'enfant, occupe une position familiale privilégiée. Témoin d'un passé que l'on n'a pu connaître et de celui que la mémoire n'a pu retenir, il est en quelque sorte dépositaire de l'histoire alors que l'enfant n'a pas encore d'histoire ; et il y a là référence sans doute plus importante que le lien obscur de la biologie. Cette situation temporelle archaïque empêche aussi de voir en lui le rival. Désexualisé il hérite seulement des caractères protecteurs et aimables de la paternité. En communication avec le monde des morts, il garde cependant l'intuition de la mentalité infantile. En un mot, il incarne non seulement la pure tendresse, mais la sécurité. Freud à son propos emploie avec justesse l'expression de *divinité paisible*[18].

On peut relever l'existence d'une transposition parallèle à celle-ci chez Proust : la grand-mère hérite des traits de la mère. La transposition est d'ailleurs beaucoup plus systématique et calculée (on sait que la silhouette de la mère dans la Recherche... reste presque aussi floue que celle de *la Chartreuse de Parme*). La fixation est chez lui de forme classique et elle comporte un sentiment de culpabilité plus fort. L'amour pour la mère est affecté d'une ambivalence qui rendrait insupportable pour l'écrivain une narration non masquée.

Stendhal, moins rusé malgré l'apparence, plus libre au demeurant vis-à-vis de l'image de la défunte, moins romancier aussi, dirait-on, opère le déplacement en toute clarté. Le héros le déclare sans ambages dès qu'il pénètre dans l'observatoire :

« L'abbé Blanès était son véritable père »[19]

---

18. Freud, *Essais de psychanalyse appliquée*, « *Un souvenir d'enfance de Goethe* » p. 161.
19, 20. *La Chartreuse de Parme*, p. 151.

et celui-ci tient devant Fabrice la carte des étoiles illuminée en transparence. Alors que le géniteur oblitère le destin, la paternité morale le dévoile. Cette vision suffit pour rendre leur charme à ces souvenirs d'enfance que l'on vient de déclarer ternis :

> « Tous ces souvenirs de choses si simples inondèrent d'émotion l'âme de Fabrice et la remplirent de bonheur. »[20]

Cet attendrissement est néanmoins fugitif. Le recours aux modes archaïques de protection est insuffisant. Les présages ne feront que confirmer les sombres pressentiments liminaires. Nous allons voir maintenant se reconstituer, avec un retard considérable dû à l'artifice de la bâtardise, une prémonition sanglante analogue à celle du *le Rouge et le Noir*. Elle insère définitivement dans la structure du roman l'inévitable meurtre rêvé. On note toutefois de profondes différences.

L'histoire de Julien Sorel était placée sous le signe d'Oreste, du matricide. Ici la pulsion de mort, déjà considérablement atténuée, change d'orientation. Si la mort se profile aussitôt à l'horizon, elle menace d'abord la paternité idéale : « Voici ma mort qui arrive » s'exclame l'abbé Blanès[21]. Puis, comme si la situation ranimait les zones du passé les plus profondément enfouies, la menace incline dans le sens de la légende matricielle. La destinée du héros passe par un crime nécessaire.

On se souvient du dialogue qui s'engage presque aussitôt :

> — « Donc, il est vrai que lorsque tu as essayé de voir Waterloo, tu n'as trouvé d'abord qu'une prison...
> — Eh bien, ce fut un rare bonheur ! Car, avertie par ma voix, ton âme peut se préparer à une autre prison bien autrement dure, bien plus terrible ! Probablement tu n'en sortiras que par un crime, mais grâce au ciel, ce crime ne sera pas commis par toi. »[22]

En réalité, Fabrice est sur le point de le commettre, et sans l'avoir voulu. Les prédictions de *la Chartreuse de Parme* sont aussi vagues que les présages du *Rouge* étaient précis... La mort va frapper, mais comme au hasard, avec des conséquences en disproportion avec la nature du meurtre. La forte résonance œdipienne de celui-ci intéresse surtout, comme nous allons le vérifier, les circonstances et les détails de son exécution.

---

21. *La Chartreuse de Parme*, p. 151.
22. *La Chartreuse de Parme*, p. 152.

LA SITUATION ŒDIPIENNE

L'évolution est remarquable. Tout ce qui était montré, sou-ligné, dramatisé dans *le Rouge et le Noir* se représente dix ans plus tard sous un éclairage affaibli et allusif. Les contours ont subi un coup d'estompe. La perspective est autre. Surtout, l'image maternelle, en ses diverses et fluctuantes incarnations, va se trouver désormais protégée. Elle ne recueille plus que la ten-dresse, comme les divinités tranquilles et bienveillantes.

On peut estimer, non sans précautions, que l'écriture révèle ici deux stades du complexe œdipien. Si l'ambivalence est si forte à l'époque du *Rouge*, c'est sans doute en raison d'une réactivation d'amour primaire (si l'on veut qu'il soit, comme le pense Mélanie Klein, à la source de la haine et de l'agressivité)[1] ; sans doute aussi parce que l'auteur se connaît moins bien et se laisse surprendre par ses propres réactions. N'oublions pas que la référence, mieux la syntaxe psychanalytique n'existe pas et que la connaissance de soi-même doit passer par des schèmes différents. Il est possible que Beyle ait alors ressenti plus ou moins clairement l'attachement à son passé comme une entrave, en particulier dans ses rapports amoureux dont nous savons les constants déboires. On est souvent tenté aussi de rejeter la res-ponsabilité des échecs sur ceux qui, pense-t-on à tort ou à raison, nous ont fait ce que nous sommes... conduite que Freud nom-mera « Familien Roman », conduite que Beyle adoptera long-temps à l'égard de son père.

Pour reprendre notre comparaison avec Proust, on conçoit sans peine que celui-ci ait ressenti sa fixation comme une chaîne insupportable, qu'il faut à tout prix briser[2]. Les « *Sentiments*

---

1. Mélanie Klein, *Essais de psychanalyse.*
Je rappelle que dans sa théorie la formation de l'Œdipe est beaucoup plus précoce que chez Freud.
2. Cf. : Les multiples profanations de l'image maternelle.

filiaux d'un parricide » de même que certains textes du *Contre Sainte-Beuve* furent écrits dans sa jeunesse. En outre la mère aura beau disparaître, elle ne prendra jamais place dans le panthéon des « *divinités tranquilles* ». Elle ne cessera au contraire de se comporter en fantôme obsessif et accusateur, la terrible « *femme noire* » des dernières visions du mourant. La réalité, rappelons-le, est aussi fort différente. L'attachement de Proust à sa mère a une histoire, même une longue histoire, alors que celui de Beyle n'a guère qu'une préhistoire : d'un côté, une privation, de l'autre son contraire... Au demeurant la comparaison s'arrête ici. Ni l'homme ni l'œuvre n'appartiennent à la même famille d'esprits. Le passage par le phantasme du matricide donne seulement à penser que le noyau infantile de la relation œdipienne détermine chez tous des réactions similaires, mais que les développements ultérieurs dépendent plus ou moins des circonstances historiques. Nous retrouverons le problème. Je me borne ici à le signaler au passage.

Pour en revenir à l'espèce de distance que Stendhal manifeste dans *la Chartreuse de Parme* à l'égard de ses obsessions, il est possible encore d'y voir l'effet de cette maturation de la mémoire obscure qui, à diverses époques de l'existence, cache ou dévoile certains aspects du passé, selon une loi non chronologique. Ce que l'on distinguait cesse d'être vu ; en revanche d'autres paysages surgissent de l'obscurité que l'écriture doit se hâter de saisir au vol. On pourrait presque parler d'une seconde mémoire avec d'intenses prolongements vécus ou revécus... Il est loin en effet celui qui écrivait dans le *Journal* de 1806 :

> « Lorsque j'étais quelquefois à Paris en l'an XII, lorsque je parcourais les faubourgs, l'amour de l'amour me jetait dans la mélancolie. »[3]

Le narrateur est pour son époque un homme relativement âgé. L'ambition est derrière lui, si ce n'est le désir, et tout ce qui se trouve à *distance* subit une déformation mythique dans un sens aimable. L'enfance se rappelle à lui sous une lumière paisible en dépit des déclarations de Fabrice. Ce thème était presque absent du *Rouge* sauf pour souligner la dureté du père, une enfance malheureuse donc, mais dont nous ignorerons presque tout. En même temps, *la Chartreuse de Parme* ranime certains aspects de la protohistoire, inscrivant dans l'écriture la réminiscence de l'œdipe primitif, mais à la manière d'un palimpseste.

---

3. *Journal*, 2 février 1806, p. 749.

Enfin toutes les pages écrites auparavant jouent bien entendu leur rôle dans la genèse de cette vision. Dans une existence normale la confrontation entre les phantasmes du désir et la réalité est directe. On voudrait que celle-ci se modelât sur le désir ; illusion tenace, source de l'espérance comme des échecs, illusion vouée à se dissiper peu à peu sous la dure contrainte des faits, l'expérience. Or l'écrivain est celui qui entre désir et réalité interpose la fiction et prolonge ainsi l'illusion d'une manière plus ou moins rusée. C'est, si l'on veut, une fuite ou une revanche, mais aussi un mode particulier d'expérience du réel, puisque celui-ci va se trouver d'une certaine manière intégré à l'imaginaire, en devenir la matière. Il y a donc malgré tout dans l'exercice de l'écriture, un accomplissement de soi puisque l'entreprise, à supposer qu'elle fût à l'origine thérapie, aboutit à un produit objectif. Un roman n'est pas seulement le prolongement d'une rêverie, mais une incitation à une lecture plus ou moins active, donc un instrument de communication avec autrui, si ce n'est d'action sur autrui. En bref, comme je le soulignai dans la préface, la pratique de la fiction a changé Beyle en Stendhal. Par elle, il devient ce qu'il est et aussi celui qu'il n'eut pas été.

Les rumeurs homicides du *paysage de nuit* se fraient donc un passage à travers une épaisseur considérable d'écrits qui les assourdissent et font qu'elles semblent provenir autant d'un autre que de soi.

Tels sont les traits qui marquent le surgissement de la fatalité : « Où retrouver la trace obscure, presque effacée, de ce crime ancien ? » demandait le Roi dans la tragédie[4]. Il semblerait que ce soit ici la visée de l'écriture stendhalienne, mais par tâtonnements, comme si le rythme de l'*improvisation* engageait l'auteur dans un dispositif en train de se former presque à son corps défendant et qui le prend au piège. Il rappelle invinciblement par sa structure le déroulement de la tragédie de l'oracle, annonce du crime, signes surtout, dont Stendhal parsème sa rédaction, qui intéressent tous l'atmosphère, les détails pour converger vers une hantise unique et déguisée, comme en rêve.

Après le surgissement du mur menant au château paternel et la prédiction de l'abbé, celui-ci évoque une autre mort imminente, celle du père :

---

4. Sophocle, *Œdipe-Roi*, p. 647.

« Le marquis del Dongo s'affaiblit, ajouta Blanès d'un air triste. »[5]

Sur le champ, l'image détestée forme hantise. Le héros tombe dans un sommeil « qui fut agité de songes, peut-être présages de l'avenir »[6], et lorsqu'il se réveille, il se croit en effet dans une prison. Puis la vue qu'il contemple du haut du clocher est celle des jardins et de la cour intérieure du château. L'idée de la fin prochaine du marquis tempère d'ailleurs curieusement sa rancune :

« L'idée de ce père arrivant aux bornes de la vie changeait tous ses sentiments. »[7]

Est-ce l'effet d'un recul devant le désir de meurtre, de l'attendrissement devant le panorama de l'enfance perdue ? Le texte ne nous renseigne pas, mais il faudra sans doute se souvenir de cette défaillance furtive... tandis que la vue le cède à une quasi hallucination : son père, prétendu mourant, apparaît !

« Ses yeux fixés sur les fenêtres de la chambre de cet homme sévère et qui ne l'avait jamais aimé se remplirent de larmes. Il frémit, et un froid soudain courut dans ses veines lorsqu'il crut reconnaître son père traversant une terrasse garnie d'orangers, qui se trouvait de plain-pied avec sa chambre. »[8]

La silhouette n'est que celle d'un domestique, mais aussitôt cette suite de détails évocateurs élargit le paysage et la géographie entière de son enfance se déploie sous ses yeux. Après la cour, le jardin sec, aux ombres dures, de son père, voilà l'élément liquide, le lac natal, semblable à celui auprès duquel il a rencontré sa mère. L'observatoire fonctionne pour lier directement l'impression de bonheur à son histoire la plus reculée :

---

5. *La Chartreuse de Parme*, p. 154.
6. *La Chartreuse de Parme*, p. 155.
7. *La Chartreuse de Parme*, p. 155.
8. *Idem*, p. 156. L'oranger joue un rôle important et énigmatique parmi les thèmes stendhaliens. Déjà l'appareil « oraculaire » de l'abbé reposait sur une caisse des orangers du château. Nous les retrouverons associés à des scènes importantes du roman, entre autres la retrouvaille nocturne de Clélia a lieu dans une orangerie, et dans divers textes. La culture de cet arbuste est encore une des manies de l'abbé Raillane, la bête noire de Beyle enfant. Il est possible d'y distinguer un symbole d'animosité transféré sur le père, mais aussi bien un rappel de l'enfance associé à toute scène amoureuse. Il existe sur ce thème un article de M. Jean-Bellemin Noël (*Littérature*, N° de février 1972), intitulé : « Le motif des orangers dans la *Chartreuse de Parme*. » Il y oppose les orangers en pot à ceux en pleine terre ! « Ils jalonnent le passage du monde parental au monde autarcique... L'oranger coopère comme signature à la formation du moi du héros. » (p. 31, 32).

« Du clocher, ses regards plongeaient sur les deux bran-
ches du lac à une distance de plusieurs lieues, et cette vue sublime lui fit bientôt oublier toutes les autres ; elle réveillait
chez lui les sentiments les plus élevés. Tous les souvenirs de
son enfance vinrent en foule assiéger sa pensée ; et cette journée passée en prison dans un clocher fut peut-être l'une des
plus heureuses de sa vie. »[9]

Première apparition d'un thème bien connu qui marque le
point central du pèlerinage. Il est accompagné, bien entendu,
d'une méditation sur le destin, mais qui tranche par sa teneur
sur les rêveries premières de l'adolescent, avant l'évasion par-
delà la barrière des Alpes, quand la récusation factice de la
paternité fondait l'illusion d'un avenir riche de promesses. Partir était aller à la rencontre de l'imprévisible. Le héros pouvait
encore avoir une histoire, c'est-à-dire que le futur apparaissait
contingent. Du haut du clocher, non seulement l'horizon est
celui du passé, mais l'avenir lui-même va être traité sur ce mode.
Tout se passe comme si le futur était advenu, comme s'il n'était
plus que l'accomplissement inéluctable du destin :

« Le bonheur le porta à une hauteur de pensée assez étrangère à son caractère ; il considérait les événements de sa vie
lui, si jeune, comme si déjà il fut arrivé à sa dernière limite. »[10]

Tel l'Œdipe de la tragédie, il s'était cru le fils de la chance
(*Tuchè*) et il se découvre porteur de la *Moïra*, de son lot. Enfin,
autre détail significatif, sa méditation rétrospective le ramène
à l'instant précis où la fausse ouverture sur la contingence
s'est refermée, à cet instant où le général français, le père supposé, s'est enfui en lui ravissant son cheval et sa force, à cet
instant où tout s'est décidé !

« Puisqu'il semble que je ne dois pas connaître l'amour...
je voudrais avant de mourir aller revoir le champ de bataille
de Waterloo et tâcher de reconnaître la prairie où je fus si
gaiement enlevé de mon cheval et assis par terre. Ce pèlerinage
accompli, je reviendrai souvent sur ce lac sublime ; rien d'aussi
beau ne peut se voir au monde, du moins pour mon cœur. A
quoi bon aller si loin chercher le bonheur, il est là sous mes
yeux ! »[11]

La citation est le raccourci saisissant de la trame subconsciente du livre. Le bonheur est du côté de l'eau maternelle.

9, 10. *La Chartreuse de Parme*, p. 156.
11. *La Chartreuse de Parme*, p. 157.

Comme il était prévisible, le cercle est bouclé. La structure du roman est profondément altérée, mieux rétablie dans la forme que l'imagination stendhalienne finit tôt ou tard par privilégier : non pas l'aventure et la liberté, mais l'accomplissement des présages servi par n'importe quelle aventure, non pas le déroulement d'une histoire, mais celle d'une sorte d'histoire sainte.

Le signe lui-même, à partir duquel, après cette longue pause, le roman va tenter de reprendre sa marche en avant, sous une apparence d'identité, est en fait différent. La consultation de l'oracle s'accompagne en effet de la poursuite du pèlerinage vers la figure maternelle. Il va s'achever par un nouveau détour vers le symbole originel : le marronnier planté l'année de sa naissance. Malgré le danger que Fabrice court à s'attarder :

> « au lieu de se retirer par la ligne la plus courte et de gagner les bords du lac Majeur où sa barque l'attendait il faisait un énorme détour pour aller voir *son arbre* »[12]

Celui-ci était, on s'en souvient, l'augure de l'évasion primitive. Cette fois, il s'agit d'une répétition et l'arbre, quoique vivace, porte déjà une branche morte :

> « Deux heures plus tard son regard fut consterné ; des méchants ou un orage avaient rompu l'une des principales branches du jeune arbre, qui pendait desséchée. »[13]

Celui qui le soigne, bêche la terre autour avec piété, est déjà, malgré son optimisme, « la branche n'était qu'un accident sans conséquence », un être traqué. L'avenir évoqué pour lui dans le chapitre suivant va se trouver incessamment entravé par l'oracle, dans le même temps que le rôle joué par les substituts de la figure maternelle devient plus important. Le *paysage de nuit* n'ouvre donc plus que sur des routes parsemées par les pièges du destin. La pensée du meurtre revient d'ailleurs le hanter avec une fréquence redoutable dans ces pages. La mort est embusquée à chaque carrefour. Le héros ne cesse de préparer ses pistolets entre deux haltes, d'être tenté de faire feu sur tout ce qui surgit :

> « Aurai-je dû tirer un coup de pistolet au valet de chambre qui tenait par la bride le cheval maigre ? Sa raison lui disait oui, mais son cœur ne pouvait s'accoutumer à l'image

---

12. *La Chartreuse de Parme*, p. 161.

13. *La Chartreuse de Parme*, p. 161, cf. la note de la page 35 sur les diverses interprétations de la branche cassée.

sanglante du beau jeune homme tombant de cheval défiguré. »[14]

Le triangle archaïque est maintenant constitué dans les zones
ombreuses de l'imagination. La dernière image est encore prémonitoire. La nécessité qui rôde ne saurait tarder plus longtemps
à entrer en scène...

Le matériel, si l'on peut dire, de cette imagination est révélateur. Alors que les affaires du héros sont sur le point de prendre meilleure tournure, de se conclure comme toujours par un
succès d'ambition, un faux pas survient pour remettre tout
en question. Le théâtre de ce faux pas se trouve être un champ
de fouilles, l'endroit où les vestiges du passé gisent et d'où ils
sont exhumés. La prédiction va s'accomplir auprès de ses tranchées.

Les schèmes de l'*improvisation* sont donc modifiés. Dans
le mouvement initial du livre, le départ pour la France et ses
champs de bataille, il y avait des surprises véritables, des rencontres susceptibles d'incliner dans tel ou tel sens le cours de
l'aventure. Tout au long du chemin qui mène vers la Belgique,
le narrateur, quel que fût son dessein, aurait pu être tenté par
des remises en cause possibles, ce qui est le propre de l'improvisation pure. En principe celle-ci ne devrait pas savoir où elle
sera menée, puisqu'elle s'appuie sur l'antécédent immédiat. Nous
avons en mémoire la déclaration : « La page que j'écris me donne
l'idée de la suivante : ainsi fut faite *la Chartreuse de Parme*... »[15] A
la rigueur, il eut été préférable d'écrire : ainsi *ai-je tenté* de faire
la Chartreuse de Parme...

On découvre en effet qu'après le *paysage de nuit* et le pèlerinage aux lieux de l'enfance, ce statut narratif est impossible
à maintenir, puisque le récit va reposer sur un mécanisme de
tragédie. Le langage ne fonctionne plus dans le sens que Stendhal
prétend. La surprise ne peut plus jouer que pour confirmer
le projet initial, que pour veiller à sa bonne marche. En d'autres
termes, les hasards ne peuvent plus être que des miracles. L'épisode de *l'alouette* le montre avec évidence : le monde de la fatalité est un monde truqué où le fait de contingence le plus menu,
le plus anodin surgit seulement pour tenir un rôle dans l'accomplissement de l'arrêt. Stendhal désormais n'est plus le maître

---

14. *La Chartreuse de Parme*, p. 170.
15. *Journal littéraire*, tome III, page 210.

des mots qui dévoilent maintenant une fonction souterraine de mises en relation des rouages de la nécessité.

On se souvient qu'en début de matinée, après avoir emprunté un vieux fusil, Fabrice s'en va chasser à proximité des travaux de fouilles qu'il dirige. Il débusque une alouette qu'il blesse, et il faut que l'oiseau désailé vienne tomber sur la grande route, précisément celle par où la voiture du comédien rival et jaloux doit passer. Chaque détail de la rencontre s'enchaîne au suivant pour accomplir le destin, et tout ce qui est fortuit est interprété comme intention. Le ton, tragi-comique, fait penser à une parodie des combats homériques où les protagonistes ont derrière eux les messagers des Dieux pour veiller au respect de leurs décisions. Marietta, promue au rôle surnaturel, passe au moment critique l'arme qui fait défaut :

> « Il entendit Marietta qui lui disait à demi voix :
> — Prends garde à toi ; il te tuera. Tiens !
> Au même instant, Fabrice vit tomber de la portière une sorte de grand couteau de chasse. »[16]

Il est de même obligatoire que l'arme tue en dépit de la volonté du possesseur. Au terme d'une série de passes, c'est Giletti qui s'enferre sur la lame.

Le voici mort, le livre relancé, mais sous le signe de ce meurtre qui couvait, meurtre de substitution pourrait-on dire, et dont il va falloir assumer les conséquences. Un geste de Fabrice, avant sa fuite, est à retenir. Il se regarde dans un miroir et se réjouit de ce que ses dents ne soient pas cassées. Sous la coquetterie affleure un thème dont nous aurons à reparler : l'anxiété liée à tout ce qui intéresse la bouche.

Cette relance est donc bien une odyssée régressive et elle va aboutir, on le sait, à l'état qui paradoxalement procure ce bonheur que le héros n'avait pu trouver dans l'aventure, celui de prisonnier. La situation œdipienne, pour les raisons que nous avons dites, n'agit plus dans la Chartreuse de Parme à la manière d'une fatalité sinistre. Ses effets sont même à certains égards singuliers. Ils donnent ouverture à de nouvelles trouvailles narratives, tirées non plus des libertés que l'auteur peut prendre avec son histoire, mais de la contrainte imposée par ce sang versé, devenu ineffaçable.

Or jamais Stendhal n'est plus à son aise, son imagination plus féconde, lorsqu'il ne s'agit plus d'inventer des intrigues,

---

16. *La Chartreuse de Parme*, p. 177.

mais de broder autour d'une situation statique. On pourrait prétendre que le sort de ses livres est suspendu à ce blocage éventuel. Les romans achevés, réussis, le rencontrent toujours. *L'improvisation* échoue lorsqu'elle ne parvient pas à trouver ce point d'arrêt. C'est la raison sans doute pour laquelle il a besoin de canevas empruntés.

Vous distinguez d'ailleurs en filigrane la possibilité surmontée de cet échec. Déjà, après Waterloo, la rédaction avait été interrompue. Maintenant il faut trouver les moyens d'y parvenir à cette prison salvatrice, et l'on sent l'impatience, une impatience qui engendre des longueurs, en même temps que l'auteur, se méprenant ou trahissant la terreur de ses fréquents abandons, semble pénétré de regret de s'être placé dans une impasse. Il n'est pas tout à fait conscient dans la conduite du récit de ce que son imagination profonde recherche. Il en résulte une sorte d'errance qui nous vaut l'intermède de *la Fausta*, en soi prodigieusement animé et agréable au lecteur, mais qui, hors le plaisir de conter avec brillant, ne peut, il le sent, mener à rien :

> « Faut-il supprimer l'épisode de la Fausta qui est devenu bien long en le faisant ? Fabrice saisit l'occasion qui se présente de démontrer à la Duchesse qu'il n'est pas susceptible d'amour. »[17]

Une fois de plus, voilà ce qui importe, ce qui reste plus impérieux que les considérations d'art ! Par bonheur le point de fécondité est déjà inscrit dans la trame, comme dans la nouvelle psychologie du héros, non plus conquérant, mais défait ; chez qui l'intermède prend le sens désabusé d'une épreuve dernière qu'il sait à l'avance négative. Il y a en effet prise de conscience toujours plus nette de la fixation au passé. Le discours intérieur du chapitre XIII semble être la continuation directe de celui qu'il tenait sur les rives du lac Majeur. Fabrice se répète, mais nous sommes entrés dans les conduites de répétition :

> « Mais n'est-ce pas une chose bien plaisante, se disait-il quelquefois, que je ne sois pas susceptible de cette préoccupation exclusive et passionnée qu'ils appellent de l'amour ?... J'aime sans doute comme j'ai bon appétit à six heures !... Ou bien faut-il croire que je suis organisé autrement que les autres hommes ? Mon âme manquerait d'une passion, pourquoi cela ? Ce serait une singulière destinée ! »[18]

17. *Lettre à Balzac*, 16 octobre 1840, p. 332.
18, 19. *La Chartreuse de Parme*, p. 208.

et, comme avant le meurtre, il se donne la réponse :

> C'est à la Duchesse que je dois le seul bonheur que j'aie
> jamais éprouvé par les sentiments tendres ; mon amitié pour
> elle est ma vie. »[19]

mais cette réponse ouvre sur une solution qui demeure bien
entendu interdite :

> Il suffit de proférer un *mensonge*, c'est-à-dire une vérité. Le
> double sens ou plutôt les sens opposés d'un même mot intervien-
> nent. L'interdit se manifeste au niveau du langage et il serait
> intéressant de savoir si l'italique du texte était prescrit dans
> le manuscrit perdu :

> « Il suffit de dire à une femme charmante et peut-être
> unique au monde (le mot *unique* retient encore l'attention) et
> pour laquelle j'ai l'amitié la plus passionnée ; *je t'aime*, moi
> qui ne sais pas ce que c'est qu'aimer d'amour. »[20]

Au demeurant l'épreuve de la Fausta a tout d'une infidélité
tentée sans conviction. L'auteur est pris d'une indignation mo-
ralisante assez suspecte :

> « C'est avec regret que nous allons placer ici l'une des
> plus mauvaises actions de Fabrice : au milieu de cette vie
> tranquille, une misérable *pique* de vanité s'empara de ce cœur
> rebelle à l'amour. »[21]

Cependant *la pique* le conduit auprès d'une créature qui
prend l'apparence d'une entité. Elle compte moins que la recherche qu'elle symbolise si mal :

> « Je dirai plus tard à ma tante que j'allais à la recherche
> de l'amour, cette belle chose que je n'ai jamais rencontrée. »[22]

Il ne sait d'ailleurs s'il aime sa personne ou le souvenir de sa
voix. On reconnaît ici une attitude significative : tout sentiment
lorsqu'il surgit a quelque chose d'advenu, comme s'il n'était
qu'une simple occasion de réminiscence, la chance offerte de
vérifier si un passé n'est pas en train de ressusciter... Enfin,
les péripéties de sa tentative de conquête gratuite finissent par
l'ennuyer. La rivalité avec le comte va seule soutenir l'intérêt :
retraite aux flambeaux, duel, un imbroglio dans la ligne d'un
feuilleton de cape et d'épée.

---

20. *La Chartreuse de Parme*, p. 209.
21. *La Chartreuse de Parme*, p. 210.
22. *La Chartreuse de Parme*, p. 211.

Oui, il eût sans doute été préférable de retrancher l'épisode, mais nous retrouvons, sur un plan mineur, le dilemme posé par l'entrée des Français à Milan.

Comme le montre le troisième brouillon de la lettre à Balzac, Stendhal est conscient que ce qu'il tient tant à faire savoir s'applique en porte-à-faux à l'édifice du roman. Il ne peut toutefois se résigner au sacrifice, il ne peut s'éliminer : travers d'une grande importance. Il ne parviendra jamais à l'héroïque mutation flaubertienne, à cesser d'être personnel. Faut-il le regretter ? La réponse est de doctrine...

En somme, Stendhal a essayé, semble-t-il, de poursuivre dans la veine de l'écriture antérieure au *paysage de nuit*. Nous venons de voir pourquoi elle ne convenait plus, pourquoi aussi, à ce stade, c'est maintenant sans grand dommage. Il suffit de laisser courir l'histoire sur la pente fatale qu'elle a déjà prise en passant par la réminiscence de l'Œdipe, sous le vernis de la comédie et des clins d'œil d'auteur.

LA PRISON

Cette pente va nous mener comme il se doit à l'état désirable par excellence, auquel on est toujours ramené au terme des fausses échappées et des détours, le seul dans lequel la plénitude du bonheur est trouvée. Le thème n'est pas nouveau. Il court, épisodique, dans les *Chroniques italiennes*, en particulier dans *l'Abbesse de Castro* qui refuse à la fin de s'évader. On se souvient de son importance dans *le Rouge et le Noir*. Cependant il n'avait jamais encore formé le cœur d'un livre, jamais été modulé, pourrait-on dire, avec autant d'insistance, jamais acquis une telle vertu fécondatrice. Jusqu'ici, le thème était conclusif. Les méditations de Sorel tournaient autour du néant de tout, du non sens de l'existence, hormis le premier attachement. La pulsion de mort triomphait : la prison, antichambre du néant, n'était guère plus que l'équivalent symbolique de ce qui avait été perdu. Le bref bonheur des amants reposait sur l'oubli des circonstances, sur la mise entre parenthèses du temps :

> « Pour Julien, excepté dans les moments usurpés par la présence de Mathilde, il vivait d'amour et sans presque songer à l'avenir. Par un étrange effet de cette passion, quand elle est extrême et sans feinte aucune, Madame de Rênal partageait presque son insouciance et sa douce gaieté. »[1]

Au contraire la dimension morbide a disparu de *la Chartreuse de Parme* et partant tout ce que le thème enveloppait de suicidaire. Les modalités du bonheur ont subi un déplacement. L'imaginaire rejoint un état antérieur aux vicissitudes historiques de l'individu, état que l'on pourrait même dire antérieur à la vie, et cependant il ne représente pas une suspension du temps, il a une durée. Sa portée est aussi différente. La réclusion est positive, elle permet de rencontrer ce que l'existence refusait, mieux

---

1. *Le Rouge et le Noir*, p 479, ch. XLV.

elle retourne tous les termes dont Fabrice se servait pour désigner la passion à laquelle il aspirait en vain. La prison autorise l'aveu. Le mot qu'il s'interdisait de prononcer le sera enfin. Il va toucher Clelia Conti qui semble briser le cercle enchanté. En réalité, l'étude des circonstances montre que l'éclosion du fameux sentiment dont le héros se croyait infirme est liée autant sinon plus à la situation qu'à la personne ; que celle-ci peut être tenue encore pour une incarnation de la figure du passé lointain. Ce glissement toutefois a lieu par progrès. Il faut en suivre les étapes.

Je le répète : tout est assourdi dans ce roman, tous les sentiments ont une sorte de *sfumato* dans les contours. Ce n'est pas hasard si les goûts de Stendhal en peinture vont au Corrège, à qui il fait d'ailleurs allusion dans la lettre de réponse à Balzac à propos de la duchesse :

> « Par exemple tout le personnage de la duchesse Sanseverina est copié du Corrège (c'est-à-dire produit sur mon âme le même effet que le Corrège). »[2]

A mon sens le *même effet* est produit par la créature qu'il ne mentionne pas dans sa célèbre lettre, et qu'il croise sur le seuil de la forteresse. Il la compare, on s'en souvient, aux créatures du Guide qui « eut la beauté céleste dans les figures de femmes »[3]. Néanmoins, on est frappé par la contamination qui se produit presque aussitôt, en même temps que l'on remarque à quel point la manière du Corrège convient davantage à la jeune fille. A son propos reviennent sans cesse les adjectifs qui célèbrent la grâce, la suavité, la fraîcheur. Le Corrège est le peintre de l'angélisme, et le vocabulaire a ici une résonance particulière. Deux réflexions de Fabrice retiennent l'attention, la première lorsque les deux femmes lui apparaissent ensemble :

> « Pour lui, il était un peu interdit de la beauté si singulière de cette jeune fille de douze ans, et ses regards la faisaient rougir... Si jamais je me tire d'affaire, dit-il à Clelia, j'irai voir les beaux tableaux de Parme. »[4]

Parme où se trouvent précisément les fresques et les toiles du Corrège !

La seconde, au moment d'entrer dans la forteresse :

---

2. *Lettre à Balzac*, 16 octobre 1840, deuxième brouillon, p. 330.
3. *La Chartreuse de Parme*, p. 253 et aussi dans l'*Histoire de la peinture en Italie*, I, p. 133.
4. *La Chartreuse de Parme*, p. 80.

> « Comme elle est embellie, pensa-t-il, depuis notre ren-
> contre près de Côme ! Quelle expression de pensée profon-
> de !.. On a raison de la comparer à la duchesse ; quelle phy-
> sionomie *angélique* ! »[5]

La chronologie du roman est instructive à cet égard. La
première apparition, déjà placée sous le signe de la réclusion
— « Ce serait une charmante compagne de prison »[6] — a eu
lieu fin 1815 et Fabrice sera emprisonné en août 1822. Clelia,
née en 1803, a donc dix-neuf ans, alors que la Duchesse en accuse
déjà trente-huit. Elle ne peut donc que correspondre de moins
en moins au modèle prétendu. L'âge et ses atteintes contribuent
à faire glisser l'image mentale de l'une à l'autre, glissement dont
on ne saurait trop souligner l'importance, comme nous le verrons
plus loin.

L'*angélisme* de Gina n'est qu'un passage fugitif, lié à la
rêverie amoureuse ambiguë que l'adolescent entretient autour
de sa tante, un début de cristallisation. Cependant Gina ne remplit jamais tout à fait les conditions requises pour que cette
cristallisation passe par les étapes que l'on sait. Cet angélisme
et le *sfumato* corrégien l'abandonnent, et surtout elle ne sera
jamais entièrement perdue, inaccessible, ou, si l'on préfère,
nimbée de la mélancolie douce du quasi souvenir qui se confond
pour Stendhal avec l'état amoureux par excellence ; rôle que
Clelia au contraire va jouer à la perfection, pour lever un temps
l'impuissance sentimentale vérifiée avant la montée dans la
tour Farnèse, le lieu élevé du bonheur. Le parallèle auquel
l'auteur se livre le montre bien :

> « L'admirable singularité de cette figure dans laquelle
> étaient les grâces naïves et l'empreinte *céleste* de l'âme la plus
> noble, c'est que bien que de la plus rare et de la plus singulière
> beauté, elle ne ressemblait en aucune façon aux têtes de sta-
> tues grecques. La duchesse avait au contraire un peu trop de
> la beauté connue de l'idéal, et sa tête vraiment lombarde rap-
> pelait le sourire voluptueux et de tendre mélancolie des belles
> Hérodiades de Léonard de Vinci. »[7]

Il ne s'agit donc plus du tout du Corrège, et vous songez
à la légende de la tête coupée. Il y a là comme un rappel lointain de l'Amazone du Rouge. Il poursuit d'ailleurs :

---

5. *La Chartreuse de Parme*, p. 250. En romain dans le texte.
6. *La Chartreuse de Parme*, p. 80.
7. *La Chartreuse de Parme*, p. 253. En romain dans le texte.

« Autant la duchesse était sémillante, pétillante d'esprit
et de malice... Autant Clelia se montrait calme et lente à
s'émouvoir, soit par mépris de ce qui l'entourait, soit par regret de quelque *chimère absente.* »[8]

On distingue sans doute où je veux en venir par cet examen
comparatif des images. Dans l'optique de Fabrice, la relation
avec Gina est moins marquée qu'il ne le paraît au premier abord
par le signe maternel. A la vérité le signe se pose sur elle par
instants, puis se déplace tel un oiseau égaré. Il y a chez l'adolescent plus une exigence de quête que l'effet d'une fixation et
cette exigence correspond bien aux arrière-pensées de l'auteur.
Nous retrouvons ici ce que nous disions plus haut de la circu-
lation du phantasme maternel dans le roman, d'une forme de
fixation que l'on pourrait qualifier de négative. En effet, le déplacement de la charge affective ne représente pas seulement
une parade contre le désir, mais une sorte de recherche qui vise
à compenser la privation. Il faut se souvenir une fois de plus
que l'image maternelle véritable est une ombre et l'on peut se
demander si le sens de toutes ces comparaisons picturales ne
réside pas dans une tentative désespérée pour lui donner un
corps. La privation infantile serait la clef du glissement et l'on
aperçoit son lien avec la question liminaire de l'identité, avec
le jeu de masques entre le paraître et l'être. Cet être profond,
dissimulé en même temps qu'interrogé avec anxiété, recèle un
principe d'incertitude qui touche pour l'essentiel à la protohistoire de l'écrivain, à un temps presque sans mémoire... Et peut-
être serait-il opportun, avant de poursuivre, de préciser davantage ce que nous en savons :

> « Ma mère, madame Henriette Gagnon, était une femme
> charmante et j'étais amoureux de ma mère... Elle périt à la
> fleur de la jeunesse et de la beauté en 1790. Elle pouvait avoir
> vingt huit ou trente ans. Là commence ma vie morale. »[9]

Le sens du dernier déplacement du signe s'éclaire. Nous
comprenons pourquoi la quête incertaine peut finalement élire
une figure juvénile. Tous les traits de Clelia Conti conspirent
pour faire d'elle l'héritière de ces images plus ou moins flottantes, néanmoins complémentaires, en dépit de la rivalité apparente et qui d'ailleurs, comme dans *le Rouge et le Noir*, finit
par se transformer en alliance. Le dédoublement exprime l'in-

---

8. *La Chartreuse de Parme*, p. 254. En romain dans le texte.
9. *La Vie de Henri Brulard*, p. 27 (en réalité trente-trois ans).

certitude car jamais l'incarnation romanesque ne peut correspondre tout à fait à ce qui est cherché : ce moment bouleversant où l'*angélisme*, la douceur sérieuse, le sourire, le regard équivalent en un éclair à la fausse reconnaissance par la mémoire obscure. Le fameux triangle : le héros entre les deux femmes, qui peut faire penser d'abord à l'inversion du triangle œdipien traditionnel, n'est en réalité qu'une illusion. Il reflète les égarements du désir, le statut fantomatique de la réalité, la nécessité aussi d'un déguisement du sentiment enfoui, dans la mesure où, paradoxe infiniment troublant, l'image maternelle est susceptible d'avoir pour incarnation sensible *une figure juvénile !* C'est-à-dire, il convient de ne pas l'oublier, une incarnation qui n'a aucun des caractères attribués en principe à la maternité.

Ce paradoxe est gros de conséquence, comme nous le vérifierons plus loin. On pourrait dire que Gina hérite de ce qu'il est impossible de placer du côté de son jeune double. La maternité chez elle est, en un sens, de convention. Elle est ce qu'elle devrait être, alors que Clelia représente l'incarnation énigmatique de ce qu'elle fut. Le mystère enveloppe d'ailleurs la plupart de ses apparitions. Elle se présente au milieu de tout un ensemble de signes. D'abord, elle a déjà été rencontrée, voici très longtemps :

> « Il la salua avec le demi sourire le plus respectueux ; puis, après un instant :
>
> — Il me semble, Mademoiselle, lui dit-il qu'autrefois près d'un lac, j'ai déjà eu l'honneur de vous rencontrer. »[10]

Ensuite, elle va être associée aux orangers qui semblent décidément être le symbole des lieux d'enfance. De sa fenêtre, Clelia a la même vue que Fabrice dans l'observatoire de l'abbé Blanès :

> « Clelia s'approcha d'une fenêtre ouverte et à demi voilée par un rideau de taffetas… Cette fenêtre donnait sur un petit bois d'orangers en pleine terre. »[11]

Le géôlier révèle encore, un peu plus loin, à Fabrice :

> « Ce matin, elle vient de faire acheter de beaux orangers que l'on a placés par son ordre à la porte de la tour sous votre fenêtre. »[12]

---

10. *La Chartreuse de Parme*, p. 251.
11. *La Chartreuse de Parme*, p. 258.
12. *La Chartreuse de Parme*, p. 298.

Les signes, autour de Clelia, renvoient donc toujours au passé et par le canal d'un arbuste dont les feuilles ont une odeur à la fois tenace et lénifiante. Le décor que le prisonnier contemple par la fenêtre de sa cellule y renvoie aussi. A peu de choses près, il retrouve le paysage du pèlerinage à Grianta :

> « Un brillant crépuscule rouge orangé dessinait parfaitement les contours du mont Viso et des autres pics des Alpes qui remontent de Nice vers le mont Cenis et Turin. »[13]

et ces montagnes, on a souligné qu'elles forment barrière.

> « Par delà la rive gauche de ce fleuve (le Pô)... son œil ravi apercevait distinctement chacun des sommets de l'immense mur que les Alpes forment au nord de l'Italie. »[14]

Cette vue-obstacle revient avec insistance tel un leitmotiv, alors que l'observateur le plus distrait remarque aussitôt que la barrière des Alpes est en réalité totalement invisible à partir de la ville de Parme !

On se demande aussi si ce n'est pas en vertu d'une pensée subconsciente qu'au début de cette longue période de claustration, l'histoire de la tour Farnèse est évoquée, construite exprès pour la punition d'un inceste :

> « Cette seconde tour, comme le lecteur s'en souvient peut-être, fut élevée sur la plate-forme de la grosse tour en l'honneur d'un prince héréditaire qui, fort différent de l'Hippolyte, fils de Thésée, n'avait point repoussé les politesses d'une jeune belle-mère. La princesse mourut en quelques heures ; le fils du prince ne recouvra la liberté que dix sept ans plus tard en montant sur le trône à la mort de son père. »[15]

Les effets de l'écriture postérieure au *paysage de nuit* (on pourrait l'appeler « écriture de la nécessité ») se font maintenant sentir. Les visions deviennent symboles, prennent une dimension onirique, telle la description minutieuse de l'aménagement intérieur de la forteresse. Le romanesque stendhalien, placé dans certaines conditions précises et recherchées inconsciemment, décolle tout à fait de la réalité. En même temps un phénomène curieux se produit. L'imagination ainsi sensibilisée se trouve à court d'invention. Elle a recours, de nouveau, à des emprunts, à des plagiats, repérés depuis longtemps par la critique. Il y a dans ces chapitres du Saintine, l'auteur de *Picciola*, du Silvio

---

13. *La Chartreuse de Parme*, p. 293.
14. *La Chartreuse de Parme*, p. 290.
15. *La Chartreuse de Parme*, p. 291.

Pellico, du Benvenuto Cellini. Cependant comme la relation entre l'imaginaire et les faits se trouve bouleversée seule la fonction de ces emprunts entre en ligne de compte. Stendhal, et c'est là un aspect curieux de son génie, pourrait utiliser n'importe quoi. Ce ne sont plus les événements qui importent ni les perceptions en tant que telles, mais leur résonance particulière dans la conscience du prisonnier : de là le charme étrange de ces pages. Je disais à l'instant que l'imagination décollait de la réalité ; mieux vaudrait dire qu'il y aura désormais un fonctionnement onirique du réel. Chaque détail peut être inexact, il paraît en soi vraisemblable et l'ensemble tend vers un fantastique d'une essence très subtile car il produit le contraire de l'effet qu'on lui prête ; aucune « *inquiétante étrangeté* » pour reprendre l'expression de Freud, mais une atmosphère d'apaisement, de sécurité qui correspond en effet à celle que l'on doit éprouver au sein de la prison primitive. Sous un certain angle, tout conspire à faire de cette tour un lieu de terreurs, avec ses voûtes, ses grilles, ses escaliers, ses boyaux, ses échelles qui tournent à la à la manière des *carceri* de Piranèse, les cellules *d'obéissance passive*, la chapelle en marbre blanc et noir, aux murs « ornés d'une quantité de têtes de morts en marbre blanc, de proportion colossale, élégamment sculptées et placées sur deux os en sautoir »[16]. Or, il est remarquable que le héros, pas plus que le lecteur, n'en retire le moindre effroi, que jamais la dimension tragique ne surgisse d'une situation qui en comporte tous les éléments objectifs. Quoi qu'il arrive, vous vous persuadez, comme dans les mauvais romans d'aventures, qu'il ne saurait rien arriver de fâcheux.

C'est que la prison se confond avec le lieu des fantômes, lieu qui appartient à une sorte de temps antérieur à l'histoire, de temps en marge du temps, imprégné par la sérénité magique de l'astre favori des rêveurs :

> « Il y avait lune ce jour-là, et au moment où Fabrice entrait dans sa prison, elle se levait majestueusement à l'horizon, à droite au-dessus de la chaîne des Alpes. »[17]

et un peu plus loin Fabrice s'exclame :

> « Mais ceci est-il une prison ? est-ce là ce que j'ai tant redouté ? Au lieu d'apercevoir à chaque pas des désagréments et

---

16. *La Chartreuse de Parme*, p. 292.
17. *La Chartreuse de Parme*, p. 293.

des motifs d'aigreur, notre héros se laissait charmer par les douceurs de la prison. »[18]

On serait même tenté de voir dans l'intermède comique des rats, qui comptent parmi les animaux inquiétants du bestiaire enfantin, le symbole de l'élimination de tout ce qui pourrait être de mauvais augure, pour ne laisser subsister que les éléments fastes de cette geôle ; le second étage du palais du gouverneur avec la fenêtre de Clélia et ses volières, les orangers, plus tard le visage, le panorama « sublime ». En un mot la réclusion va agir non plus dans le sens d'une contrainte, mais d'une enveloppe protectrice. La structure du roman achève de se transformer. Les ressorts vont être exactement à l'inverse de ceux qui animaient le début jusqu'au pèlerinage à Grianta et à la lecture des présages par l'abbé Blanès. A l'échappée primitive, à la fausse fuite pour tenter de se soustraire au destin va succéder une résistance opiniâtre à toute invitation à s'évader ; au désir de vivre, le refus de vivre.

Auprès de la figure retrouvée, mais à distance d'elle, le prisonnier connaît enfin une félicité qu'il ne retrouvera plus :

> « Ce moment fut le plus beau de la vie de Fabrice, sans aucune comparaison. Avec quels transports il eût refusé la liberté, si on la lui eût offerte en cet instant ! »[19]

s'écrie l'auteur lorsque son héros découvre que Clelia consent à répondre à ses signes, qu'il y a connivence.

En même temps la *décristallisation* se produit à l'égard de Gina :

> « Une nuit Fabrice vint à penser un peu sérieusement à sa tante : il fut étonné, il eut peine à reconnaître son image, le souvenir qu'il conservait d'elle avait totalement changé ; pour lui à cette heure, elle avait cinquante ans — Grand Dieu ! s'écria-t-il avec enthousiasme, que je fus bien inspiré de ne pas lui dire que je l'aimais ! Il était au point de ne presque plus pouvoir comprendre comment il l'avait trouvée si jolie. »[20]

et son rôle bénéfique ne va pas tarder à s'altérer, car si les deux femmes sont complémentaires, l'une toutefois reste du côté des forces de vie. C'est la Duchesse qui va le presser de s'évader, qui complotera, qui fera tous les préparatifs, alors que Clélia va rester étrangement passive, presque un obstacle,

---

18. *La Chartreuse de Parme*, p. 293.
19. *La Chartreuse de Parme*, p. 305.
20, 21, 22. *La Chartreuse de Parme*, p. 292.

comme si elle avait l'intuition du vœu de ce curieux prisonnier. Jamais d'ailleurs cette prison providentielle ne sera assez cadenassée et l'auteur insiste à plaisir sur l'ingéniosité des trouvailles qui la rendent inviolable, telle la cabane en planches aux « parois formées de quatre doubles de planches de noyer, chêne et sapin, solidement reliées par des boulons de fer et par des clous sans nombre »[21] qui doublent les murs de la cellule, à laquelle on accède par « trois portes de fer successives formées de barreaux énormes »[22], tandis que « toutes les huit heures, six soldats de garde se relevaient dans la grande salle aux cent colonnes du rez-de-chaussée. De plus le gouverneur établit un geôlier de garde à chacune des trois portes de fer successives »[23]... Il faudrait rester là, il faudrait en rester là !

Le bonheur en effet ne réside pas dans la possession, frappée d'un interdit. Le bonheur naît de la contemplation à distance, comme dans la mémoire, de la figure angélique, distance que le désir voudrait abolir tout en trouvant sa raison d'être, son aiguillon dans la contrariété auquel il est soumis.

A ce point l'imagination suggère de renforcer sans cesse la dépendance du prisonnier. Isolé à la perfection :

> « Il suffisait de donner deux tours à un ressort dont le gouverneur portait la clef sur lui, pour précipiter ce pont de fer (unissant la tour au reste de la forteresse) à une profondeur de plus de cent pieds ; comme il n'y avait pas d'autre escalier dans la citadelle... et que tous les soirs à minuit un adjudant rapportait chez le gouverneur... les cordes de tous les puits... Il eût été impossible à qui que ce fut d'arriver à la tour Farnèse. »[24]

son existence, au sens propre du terme, va dépendre de la bonne volonté de celles qui veillent sur lui à distance. Lorsque la menace d'empoisonnement se précisera, elles iront en effet jusqu'à remplir la fonction nourricière (menace qui servira par ailleurs à ranimer l'action) :

> « Abstenez-vous de tout aliment jusqu'à nouvel avis, je vais faire l'impossible pour vous faire parvenir quelque peu de chocolat. Dans tous les cas, si la bonté du Ciel veut que vous ayez un fil ou que vous puissiez former un ruban avec votre linge, laissez-le descendre de votre fenêtre sur les orangers. J'y attacherai une corde que vous retirerez à vous... »[25]

---

23. *La Chartreuse de Parme*, p. 300.
24. *La Chartreuse de Parme*, p. 311.
25. *La Chartreuse de Parme*, p. 315.

Le héros est ainsi complètement rendu à une situation infantile, quasiment allaité et, bien plus, relié à la femme par une sorte de cordon ombilical. Il est à noter ici que la bouche devient l'organe vital par excellence comme l'organe de la mort éventuelle. Nous verrons plus tard l'origine possible de ce fantasme archaïque.

Ce matériel imaginaire n'est pas nouveau. Déjà Mathilde de la Mole révélait : « J'ai toujours chez moi une provision de cordes »[26], ce qui étonne un peu, et l'on se souvient que Julien Sorel, à la fin de la première partie du *Rouge*, demeure enfermé dans la chambre de Mme de Rênal qui lui porte de la nourriture en cachette.

Une lettre de Clémentine Curial rapporte par ailleurs une anecdote selon laquelle Beyle s'est trouvé dans une situation analogue :

> « En juillet 1824, Beyles est resté trois jours de suite caché dans une cave de l'habitation, à la campagne de Mme X... Là, elle le pourvoyait de nourriture et de tout ce dont il pouvait avoir besoin. Mme X... vidait elle-même la chaise percée. Il lui fallait pour pénétrer dans cette cave placer et replacer une échelle. »[27]

Tout concorde pour faire de la prison le symbole de la préhistoire retrouvée, de cet état de passivité impuissante, de torpeur d'où l'on ne sort que pour goûter un plaisir d'ordre alimentaire, où, comme dirait Freud, le seul principe du plaisir existe, mais non satisfait, il met aussitôt en danger de mort. Les hantises qui surgissent dans l'écriture nous ramènent à une situation préœdipienne dont la sexualité de Beyle, comme nous le constaterons, gardera la trace.

Cependant il faudra bien le quitter, cet état. C'est encore par l'entremise des cordons nourriciers que l'évasion si peu souhaitée va se faire ; évasion à la fois sevrage et deuil, à laquelle les deux figures vont participer, au demeurant si extravagante qu'elle tient d'un rêve. S'évader de cet asile, c'est aussi naturellement perdre la sécurité. Les prémisses annoncent certains effets néfastes de cette rentrée dans le monde. En effet si Fabrice consent, après une longue résistance, à se laisser *ranimer :*

---

26. *Le Rouge et le Noir*, II, chap. 16, p. 192.
27. Selon R. Colomb.

« Que m'importe la vie ? que le prince me la fasse perdre, il sera le bienvenu ; raison de plus pour ne pas quitter la forteresse. Et c'était avec un profond sentiment de dégoût que, toutes les nuits, il répondait aux signaux de la petite lampe. La Duchesse le crut tout à fait fou quand elle lut sur le bulletin des signaux. « Je ne veux pas me sauver : je veux mourir ici. »[28]

c'est sous l'impulsion d'un désir qui s'aveugle sur ses buts. Au désespoir de perdre Clélia se mêle un interdit sous-jacent, dans lequel entre encore une composante funèbre. On retrouve ici une situation-clef de l'univers stendhalien. Le héros ne peut rejoindre la femme aimée, s'unir à elle que sous le signe de la nuit. Les rencontres avec Mme de Rênal, avec Mathilde sont nocturnes, toujours accompagnées d'anxiété. Ici cette exigence de voile, avant de prendre sa forme définitive, encore lointaine : « J'ai fait vœu à la Madone de ne jamais te voir »[29], se manifeste dans le choix de la chapelle de la tour, macabre, lugubrement ornée en blanc et noir, pour lieu du premier rendez-vous. L'amour élit pour cadre un édifice qui symbolise une morale de la culpabilité. C'est aussi pour Stendhal une règle. Les premiers mots entre Lucien Leuwen et Mme de Chasteller sont échangés dans une petite chapelle. C'est dans celle de la prison que Vanina Vanini voit pour la première fois son amant, après l'incarcération. L'église dans *le Rouge et le Noir* porte, on s'en souvient, la marque écarlate du sang qui y sera versé. *La Chartreuse de Parme* et sa figure angélique sont dominées, elles, par le blanc et le noir. Le symbolisme de la première couleur renvoie à l'enfance et à la pureté, celui de l'autre au deuil, mais en vertu d'une convention réversible : le blanc fut jadis la couleur de la mort et reste celle du suaire.

Je serais enclin à distinguer une contamination de ces opposés complémentaires dans l'imagination stendhalienne. Sa source se distingue sans peine : dans la mémoire infantile la mère est liée au deuil. Tout un ensemble d'images se mêlent ici inextricablement. Beyle enfant reçoit l'annonce fatale en pleine nuit, à deux heures du matin, nous apprend *la Vie de Henri Brulard* ; et aussi la répugnance de l'enfant à aller, au matin, embrasser son père :

« J'allais avec répugnance dans la ruelle de ce lit *qui était obscure* parce que les rideaux étaient fermés. J'avais de l'éloignement pour mon père et de la répugnance à l'embrasser. »[30]

---

28. *La Chartreuse de Parme*, p. 329.
29. *La Chartreuse de Parme*, p. 474.
30. *La Vie de Henri Brulard*, p. 31.

Pour l'enterrement, il sera drapé dans une sorte de manteau dont la couleur l'a tant frappé qu'il redouble l'adjectif :

« Mon père me revêtit d'une sorte de manteau *noir* en laine *noire* qu'il me lia au cou. »[31]

L'habit clérical qui hante ses livres prend sens à partir de ces lointaines réminiscences. Le futur séducteur de Clélia mariée lui apparaîtra drapé dans le noir d'une soutane, rappel à la fois de la mort et du vœu de chasteté profané. L'état ecclésiastique, instrument d'ambition sociale, représente aussi une protection contre soi-même, bien qu'inefficace à cause de son ambiguïté. L'interdit y est moyen et fin.

L'évasion est porteuse de la même ambiguïté. C'est abolir une distance qui ne devrait pas l'être. En outre le désir penche si nettement pour le refus qu'elle ne pourra se faire que par le concours de forces extérieures à la volonté du héros : aux menaces sans grand effet du poison viennent s'ajouter la promesse arrachée par Clélia et l'insistance opiniâtre de la duchesse. Vous remarquez ici que la première figure maternelle, maintenant délaissée, prend des traits impérieux, dominateurs. Elle est devenue « la femme d'une activité admirable, d'un esprit supérieur, d'une volonté terrible »[32] que Clélia décrit lors de la rencontre dans la chapelle. C'est elle qui va hâter l'accomplissement du destin en débusquant Fabrice de son refuge, en l'accouchant une seconde fois, pourrait-on dire, à l'aide des fameuses cordes. (Elle s'ingéniera encore à favoriser la conclusion du mariage de Clélia avec le Marquis Crescenzi).

On peut penser enfin que tout cela ne serait pas suffisant — Fabrice hésite toujours — si n'intervenait, en une sorte d'incise pendant les préparatifs, l'annonce faite par les juges du décès du marquis del Dongo. Le rival, l'ennemi, rentre dans l'ombre. Le Sur-moi s'écroule. Cependant, la nouvelle provoque une réaction assez déconcertante. A l'aveu attendu, en des termes presque semblables à ceux de *la Vie de Henri Brulard* : « Il me semblait que je ne l'aimais point »[33], succède une crise de larmes. Déjà, dans l'observatoire de Blanès, l'idée de la fin prochaine tempérait sa rancune, « changeait tous ses sentiments ». On vérifiera que cette ambivalence correspond à une évolution dans les rapports de Beyle avec Chérubin.

---

31. *La Vie de Henri Brulard*, p. 32.
32. *La Chartreuse de Parme*, p. 333.
33. *La Chartreuse de Parme*, p. 339.

Il y a donc ici une sorte de rappel lointain de l'émancipation du début, mais dérisoire. Vous ne vous débarrassez pas plus d'une image que d'une personne vivante. Le père va dorénavant se réincarner sans cesse dans des figures-obstacles : Mosca, responsable au premier chef de l'incarcération en rayant les mots « procédure injuste » sur la supplique au Prince, et le Prince lui-même auquel le sort de Fabrice est suspendu.

Quoi qu'il en soit, c'est aussitôt après la nouvelle que la promesse de s'enfuir est arrachée. J'ai souligné le climat onirique de ces pages, suscité non seulement par les invraisemblances, mais par le contraste entre celles-ci et la minutie des préparatifs : ainsi les précisions fournies sur la composition des divers cables :

> « Tu auras trois cordes en soie et en chanvre, de la grosseur d'une plume de cygne, la première de quatre vingt pieds pour descendre les trente cinq pieds qu'il y a de ta fenêtre au bois d'orangers, etc. »[34]

la multiplication des signaux en code, la description des types successifs de végétation sur la muraille à descendre, les gardiens enivrés par le vin et plongés dans un sommeil qui transforme la citadelle en château de la Belle au Bois Dormant tandis que des brouillards se forment et montent peu à peu :

> « Vers le minuit un de ces brouillards épais et blancs que le Pô jette quelquefois sur ses rives s'étendit d'abord sur la ville et ensuite gagna l'esplanade et les bastions au milieu desquels s'élève la grosse tour. »[35]

Ainsi le fugitif devra descendre presque à l'aveugle dans une substance humide, quasi aqueuse...

On objectera sans doute : mais tout ce passage n'est-il pas un plagiat des Mémoires de Benvenuto Cellini et du cardinal de Retz ? Oui, mais seul importe le choix du matériel emprunté. Encore une fois le plagiat n'affecte en rien l'écriture, la tonalité du récit qui sont la marque du narrateur et qui visent à renforcer sans cesse l'impression de rêve éveillé. Il est à noter aussi que la descente est presque en entier rapportée sur le mode indirect ou à la troisième personne, de manière à renforcer la crédibilité de ce qui est incroyable ou irréel : *on rapporte que... Quelques-uns ont prétendu que*, etc, mais l'effet produit n'est pas du tout celui que l'écrivain recherche.

---

34. *La Chartreuse de Parme*, p. 336.
35. *La Chartreuse de Parme*, p. 364.

Cette atmosphère, ces brumes surnaturelles, les péripéties de la descente, tel l'instant où il est frôlé « par plusieurs oiseaux assez gros qu'il réveillait et qui se jettaient sur lui en s'envolant »[36], les pertes de conscience du héros qui interviennent à plusieurs reprises, font que le lecteur éprouve le sentiment d'une distance entre les événements et celui qui les vit, distance accentuée par un brouillage de la durée qui rappelle au demeurant celui de certains rêves où le sujet agissant est spectateur de lui-même, comme s'il était nécessaire, dans une tentative aussi périlleuse et qui normalement exigerait la plus grande vigilance, que cet acteur fut à demi conscient de ce qui arive et de ce qui lui arrive. Par un procédé narratif, extrêmement hardi pour l'époque, l'événement semble se dérouler en même temps qu'il est raconté ou remémoré :

> « Il agissait mécaniquement, *dit-il*, et comme il eut fait en plein jour... *Il sentit* tout à coup ses bras perdre leur force ; *il croit* même qu'il lâcha la corde un instant. »[37]

Il s'endort à mi chemin ; il est en proie à deux évanouissements successifs ; il est ranimé sur le dernier par le parfum de la duchesse...

Derrière la virtuosité stendhalienne, on sent donc une arrière-pensée non précisée ou non précisable qui se manifeste au niveau de l'écriture. Le lecteur la déchiffre facilement s'il raccorde l'ensemble de cet enchantement nocturne à deux détails singuliers. L'un intéresse les dates. Fabrice entre en prison au début du mois d'août 1822. Il en ressort en mai 1823, c'est-à-dire exactement *neuf mois* plus tard, comme il le déclare d'ailleurs au début de la descente : « Combien je suis différent, se dit-il, du Fabrice léger et libertin qui entra ici il y a neuf mois ! »[38]. L'autre est le bizarre divertissement auquel la duchesse se livre lorsque l'évadé est en lieu sûr et plongé encore dans sa léthargie. En guise de vengeance, elle inonde Parme, elle lâche les eaux en faisant ouvrir les vannes d'un réservoir. Le contenu latent de l'évasion, inspirateur de la technique du récit, spontanée faut-il le dire, fait penser invinciblement à un phantasme de la naissance.

Comment l'interpréter par rapport au texte ? Je serais tenté, avec prudence, d'y voir l'expression ultime de la pulsion régres-

---

36. *La Chartreuse de Parme*, p. 366.
37. *La Chartreuse de Parme*, p. 366. En romain dans le texte.
38. *La Chartreuse de Parme*. En romain dans le texte).

sive. La prison heureuse serait non seulement le temps qui précède l'histoire, mais l'inertie ensommeillée et sereine de l'existense végétative qui précède la venue au monde ; s'y mêle aussi sans doute le souhait inconscient de renaître autre, si une destinée autre avait été inscrite en nous, où la catastrophe infantile n'aurait pu se produire... Intention qui rejoindrait, mais beaucoup plus profondément enfouie, celle de la première fuite. Si tel est le cas, elle intervient trop tard. La renaissance, comme on pouvait s'y attendre, fait surgir certes un être différent du premier Fabrice « léger et libertin », mais un être qui est le négatif du héros stendhalien : celui dont l'émancipation, comme toujours est manquée. Au lieu de naître à la vie, il naît pour mourir, séduit par son échec même. De l'expérience de la prison, de la rencontre, mieux de la retrouvaille avec la figure du passé, la figure *angélique*, il est désormais inguérissable. Il ne peut plus que se laisser aller à son destin, un destin dont les fils au demeurant lui échappent complètement. Libre ou reclus, son avenir dorénavant est suspendu au bon vouloir du Prince et partant à la conduite de Gina.

Il est ce qu'il était voué à être quoi qu'il arrive, tel l'homme aux *pieds percés*, depuis le rapt de sa puissance par le père supposé sur le champ de bataille de Waterloo, depuis la rencontre fatale au carrefour des routes : le prisonnier de l'enchantement archaïque.

Stendhal ne cesse d'insister sur cette transformation. Son héros paraît atteint d'une maladie de langueur. Il est revenu, une fois de plus à Belgirate :

> « Un chagrin mortel attendait la duchesse sur ce beau lac. Fabrice était entièrement changé... Le sentiment profond caché par lui avec beaucoup de soin était assez bizarre, ce n'était rien moins que ceci : il était au désespoir d'être hors de prison. »[39]

Il paraît incurable :

> « Cet être adoré, singulier, vif, original, était désormais en proie à une rêverie profonde ; il préférait la solitude au plaisir de parler de toutes choses et à cœur ouvert, à la meilleure amie qu'il eût au monde... son âme était ailleurs. On faisait souvent quatre ou cinq lieues sur ce lac sublime sans se dire une parole. La conversation, l'échange des pensées froides eût peut-être semblé agréable à d'autres, mais eux se souvenaient encore, la duchesse surtout, de ce qu'étaient leurs conversations

---

39. *La Chartreuse de Parme*, p. 373.

avant ce *fatal combat avec Giletti* qui les avait séparés. Fabrice devait à la duchesse l'histoire de ces *neuf mois* passés dans une horrible prison, et il se trouvait que sur ce séjour il n'avait à dire que des paroles brèves et incomplètes. »[40]

Sa nostalgie l'attire irrésistiblement vers ce temps hors du temps dont il n'eût pas fallu sortir. Lorsque Fabrice est à Locarno, il tapisse sa chambre de vues de la ville de Parme. Il occupe ses journées à peindre à l'aquarelle le lieu du bonheur perdu, la tour Farnèse.

A la mort du Prince, qui relance l'action, mais sur une voie de traverse, il reprend l'habit noir. Le livre, à ce stade, suit deux lignes qui, au lieu de se mêler, comme au début, courent en parallèle : celle des événements politiques qui suivent le décès du Prince, celle du héros qui, de retour à Parme, passe sa vie, encore déguisé, dans la boutique d'un marchand de marrons établi en vis-à-vis des portes de la citadelle. Il s'agit, au milieu des intrigues, de trouver le moyen de l'y faire rentrer. L'imagination de l'auteur maintenant n'est plus en peine. Les choses se rétablissent bientôt dans l'ordre du désir. Cependant l'obstacle majeur à la réunion des amants doit subsister. Sa compréhension va s'approfondir...

---

40. *La Chartreuse de Parme*, p. 374. En romain dans le texte.

L'UNION INTERDITE
ET LE DESTIN DE L'ŒDIPE

Il faut à regret sauter ici par-dessus nombre d'admirables chapitres qui forment la superstructure du roman, mais n'intéressent pas notre propos et en venir à l'union. Nous savons qu'elle est interdite, mais il n'y a plus d'obstacles matériels à opposer, en dépit du rétablissement passager de la condition recluse. L'imagination souffle alors un obstacle moral. Il nous paraît aujourd'hui assez faible, mais si l'on songe à la situation historique et géographique du livre, il n'est pas tout à fait sans force. Il s'agit du vœu de Clélia à la Madone. « *Mes yeux ne le reverront jamais* ». Dans le contexte œdipien, son importance éclate.

La formule sonne avec étrangeté, investie de multiples significations, renvoyant non seulement à l'interdit fondamental, mais au nocturne précurseur de la chapelle en blanc et noir, mais au noir du deuil inscrit au profond de la mémoire avec son cortège d'images : nuit, alcove sombre, capuche sombre nouée par le père, chambre vide, etc. Elle ménage aussi par glissement l'équivoque qui forme la ruse de l'inconscient, le subterfuge à la limite de la mauvaise foi, qui permettra de passer outre.

Le vœu est d'abord présenté sous une autre forme :

« J'ai fait vœu à la très sainte Vierge que si, par l'effet de sa sainte intercession, mon père est sauvé... J'épouserai le marquis aussitôt que j'en serai requise par lui, et jamais je ne vous reverrai »[1]

puis, au début du chapitre de la retrouvaille :

« Elle avait fait vœu à la Madone lors du demi-empoisonnement de son père, de faire à celui-ci le sacrifice d'épouser le marquis. Elle avait fait le vœu de ne jamais revoir Fabrice... »[2]

---

1. *La Chartreuse de Parme*, p. 420.
2. *La Chartreuse de Parme*, p. 361.

La précision de ce rappel va s'affaiblir d'une ligne à l'autre. Il y a une série d'échanges de regards puis l'écriture laisse filtrer l'équivoque souhaitée par le biais de la fréquence du mot *yeux* qui revient cinq fois en dix lignes, pour aboutir à l'expression précitée. Celle-ci, prise à la lettre, permet d'aboutir avec une remarquable rapidité à l'accomplissement du rêve : être celui qui pourrait enfreindre, celui qui enfreint, accomplit l'acte inscrit dans l'équation posée par le meurtre. Peu importe le moyen pratique d'y parvenir : il s'agit de donner satisfaction au phantasme par l'écriture. Tout moyen est d'ailleurs depuis longtemps l'instrument du destin. Pourquoi ne pas tirer une fois de plus de l'arsenal consacré le prétexte rebattu du poison ? L'imagination stendhalienne l'affectionne. La bouche, on le sait, est l'organe par où la vie est insufflée, mais aussi la mort. L'œuvre entière est traversée par ce thème qui correspond, nous le verrons, à un événement de la prime enfance. C'est donc à l'aide de cette menace que nous passons sur le champ du vœu, presque vidé de son contenu, à l'union physique, comme si l'obstacle n'eut été monté que pour être tourné. Clélia franchit les trois portes de la cellule d'une manière presque surnaturelle, et l'on a souvent remarqué l'extrême brièveté de l'épisode, la sécheresse de l'énonciation, sa pudeur chez un écrivain si peu pudique :

> « Elle était si belle, à demi vêtue et dans cet état d'extrême passion que Fabrice ne put résister à un mouvement presque *involontaire*. Aucune résistance ne fut opposée. »[4]

On songe malgré soi au « tout se passa simplement, convenablement » de l'exécution dans *le Rouge*... Les situations-limites trouvent chez Stendhal une expression identique. Ici l'interdit se glisse à travers l'écriture pour inspirer cette litote, toute classique. L'emploi du verbe *résister* est aussi à noter, puis de son substantif. On retrouve la trace de l'impulsion qui toujours détruit ou trahit les calculs compliqués des héros stendhaliens : il ne faut, à aucun prix, qu'il y ait accomplissement délibéré des désirs profonds.

Enfin l'invraisemblance de la situation objective saute aux yeux. L'alerte est donnée, le répit est bien court... Toutefois *la Chartreuse de Parme* a cessé depuis longtemps d'obéir aux impératifs de la réalité et du réalisme, du moins sur le plan qui nous

---

3. *La Chartreuse de Parme*, p. 419.
4. *La Chartreuse de Parme*, p. 423. En romain dans le texte.

occupe. D'autre part l'insistance avec laquelle l'auteur souligne le côté accidentel de l'union contribue plutôt à renforcer le sentiment de la fatalité. Les effets n'en sont d'ailleurs pas épuisés. Une fois délivré par le sacrifice de la duchesse, Fabrice va lier à nouveau sa *fortune* à l'habit sacerdotal. L'interdit moral, enfreint presque par mégarde, se rétablit du côté de la société :

> « Et d'ailleurs te voilà tout à fait lié aux ordres sacrés tu ne pourrais plus m'épouser quand même je trouverais un moyen d'éloigner cet odieux marquis »[5]

lui rappelle Clélia lorsqu'elle consent à le recevoir au palais Contarini.

Ce *noir*, en dépit de la séduction qui s'attache au jeune prélat, séduction qui provient encore d'une équivoque, va finalement constituer la barrière la plus efficace. Le *noir* ménage une distance invisible, un constant rappel de la faute par tout ce que la condition de prêtre symbolise, en particulier la chasteté. Stendhal s'applique ainsi à désexualiser son personnage en même temps qu'il renforce le vœu dont l'efficacité paraissait faiblir du côté de Clélia. Le mariage est précipité... A ce point, en dépit de la scène du whist chez le Prince, le sentiment est traité comme s'il avait déjà sombré dans le passé. L'émotion monte à la manière d'une association de la mémoire affective, lorsque la cantatrice chante un air de Cimarosa : « Quelle pupille tenere »[6], et, un peu plus loin, c'est encore par une invitation à se souvenir que l'amour est ranimé :

> Il s'approcha d'elle et prononça à demi voix... deux vers de ce sonnet de Pétrarque, qu'il lui avait envoyé du lac Majeur, imprimé sur un mouchoir de soie... Quel n'était pas mon bonheur quand le vulgaire me croyait malheureux, et maintenant que mon sort est changé ! »[7]

Ce passé, l'a-t-il jamais quitté ? Il semble en vérité constituer l'essence profonde de l'amour chez l'auteur. Le *roman* de Fabrice dure, mais les rebondissements ont beau se multiplier, l'écriture suggère de plus en plus le sentiment d'advenu que nous signalions plus haut. Le temps du livre épouse maintenant le seul mode de la répétition.

Fabrice se livre à une imitation permanente de la situation antérieure, celle de la prison-observatoire :

---

5. *La Chartreuse de Parme*, p. 439.
6. *La Chartreuse de Parme*, p. 446.
7. *La Chartreuse de Parme*, p. 450.

> « Les seuls instants pendant lesquels Fabrice eut quelque
> chance de sortir de sa profonde tristesse étaient ceux qu'il
> passait derrière un carreau de vitre... à la fenêtre de son
> appartement vis-à-vis le palais Contarini, où, comme on sait,
> Clelia s'était réfugiée. »[8]

Dans cette scène *du whist* encore (il faut se garder de
l'oublier : la rupture s'est produite par consentement mutuel
et un laps de temps assez long s'est écoulé) la défaillance finale
est provoquée par la reconnaissance d'un « parfum très faible
qu'elle mettait dans ses robes »[9]. Il y a moins persistance de
l'amour qu'affleurement des sensations passées dans le présent,
en un mot un phénomène de reviviscence. La scène par sa tonalité rappelle invinciblement *la Nouvelle Héloïse* à l'épisode de
la promenade sur le lac, et jusque dans certaines répliques de
Clélia :

> « Oublions le passé, lui dit-elle, et gardez ce souvenir
> *d'amitié*. En disant ces mots, elle plaçait son éventail de façon
> à ce qu'il pût le prendre. »[10]

Enfin, après cette rencontre, Clélia paraît avoir oublié cet amour
« qu'elle avait semblé partager un instant »[11] ; dans une cor-
rection Chaper, on lit en effet « dont elle avait semblé se souvenir ». C'est de nouveau, inlassablement, par la réminiscence
que Fabrice tente en vain de perpétuer ce qui fut :

> « Prenant prétexte de la fin d'une première grossesse, elle
> s'était donnée pour prison son propre palais ; mais ce palais
> avait un immense jardin. Fabrice sut y pénétrer et plaça dans
> l'allée que Clélia affectionnait le plus des fleurs arrangées en
> bouquets, et disposées dans un ordre qui leur donnait un lan-
> gage, comme jadis elle lui en faisait parvenir tous les soirs
> dans les derniers jours de sa prison à la tour Farnèse. »[12]

Il faut ici s'arrêter un instant sur l'usage des codes, des
signaux convenus, des chiffres dont Stendhal/Beyle use avec
abondance.

Se servir d'un langage secret implique par définition le
souci de dissimuler un message qui doit être entendu seulement par le destinataire, intransmissible autrement, tantôt parce
qu'il est dangereux, tantôt pour jouir d'une connivence, souvent

---

8. *La Chartreuse de Parme*, p. 437.
9, 10. *La Chartreuse de Parme*, p. 450.
11. *La Chartreuse de Parme*, p. 455.
12. *La Chartreuse de Parme*, p. 456.

aussi parce qu'il est inavouable, ou inconvenant. Ainsi Swift forge ses langues imaginaires à clés et son « *petit langage* » réservé à Stella. Dans *la Chartreuse de Parme* l'exigence est liée d'abord à une situation où tout moyen normal de communication fait défaut, celle du prisonnier. Cette situation se confond aussi avec celle de la révélation du penchant envers la figure *angélique*. On peut penser qu'il y a ici la projection en symbole d'une attitude mentale déjà rencontrée. Le dénominateur commun des codes est l'absence, traduite en *distance*, indifféremment matérielle ou spirituelle, la seconde dimension fondamentale de cet amour. A cet égard l'organisation temporelle du roman est révélatrice. Dans une durée relativement longue, près de quatre ans (exactement du trois août 1822 à mars 1826), on compte seulement quelques entrevues, la plupart brèves ou liées à des catastrophes.

On est ainsi conduit à interpréter l'obsession des codes secrets dans le sens de la recherche d'un langage par l'entremise duquel il y aurait communication avec qui ne peut plus comprendre nos langues normales, parce qu'il est hors de notre univers, parce que sa région est le noir emblématique de la mort porté par Fabrice. La langue secrète à l'aide de laquelle Fabrice tente de parler à Clélia n'est pas sans analogie avec celle de la planchette frappée dont la parapsychologie se sert lorsqu'elle veut s'entretenir avec l'esprit invisible, si l'on admet que la figure angélique joue à l'égard du subconscient de l'auteur le rôle de la figure maternelle disparue. Dans les zones lointaines de la mémoire se tient une présence, celle d'un être qui ne peut répondre, qui est muet aux mots du langage humain, non seulement parce que défunt, mais parce que son existence est en partie antérieure à leur apprentissage même, contemporaine du stade prélinguistique. Il convient par conséquent d'inventer un autre code dicté par la puissance du sentiment. La manie du chiffre, du mélange des langues, qui ne cessera de s'accentuer tout au long de la vie de Stendhal, correspondrait à l'énigme de la communication perdue, de celle qui régnait avant la parole. La maternité concerne la protohistoire. Il y aurait ici un rapprochement à faire avec Swift, autre maniaque de l'écriture secrète, qui fut séparé de sa mère à deux ans et ne devait la revoir qu'à dix-huit ans. On notera enfin que les signes sont par nature silencieux (lumières, alphabet, objets dans un certain ordre), l'inverse de la parole.

Au demeurant les morts ne reviennent pas. Cette évidence explique sans doute l'indifférence de l'auteur à l'égard des redites, que le roman, à ce stade, ne soit plus qu'une recherche des moyens susceptibles de ramener à la situation originelle, en ses deux dimensions majeures : la contemplation à distance de la bien-aimée, l'entrevue nocturne, toujours nocturne, sauf celle de la faute, du manquement initial au vœu. C'est d'abord la chapelle sombre, puis la salle du palais Contarini, éclairée par une seule bougie qui sera soufflée presque aussitôt, enfin l'orangerie obscure du palais Crescenzi.

Bien plus, comme Balzac l'a remarqué, le roman en un sens est fini après le sacrifice et le départ de la duchesse puis la rentrée de Mosca. L'auteur le sait, mais il ne peut se décider à conclure, et pour des raisons qui sont plus impérieuses que la souffrance éprouvée par tout écrivain lorsqu'il doit quitter sa création, se retrouver une fois de plus vide ; ce moment pour lequel, disait Delacroix, il « faut des nerfs d'acier. »

L'exigence tient à sa personnalité, à l'impossibilité où il se trouve de plier sa névrose aux exigences de l'esthétique, à ce que nous appelions le refus de l'objectivation. Stendhal n'a de cesse qu'il n'ait satisfait la visée du désir, obtenu par l'écriture la dramatisation de ses phantasmes. En outre, dans *la Chartreuse de Parme*, il peut prendre des libertés avec un modèle premier vague et lointain (*Origine des Grandeurs de la Famille Farnèse*), il peut se permettre de parfaire le rêve. Dans la perspective œdipienne, il n'est pas certain non plus que le cycle du destin soit bouclé. Il faut imaginer, tenter une dernière retrouvaille, de nouveaux nocturnes, et bien sûr une fois de plus dans une chapelle, lieu qui condense tous les symboles qui gravitent autour de Clélia : mort et existence au-delà de la mort, ascétisme protecteur, pureté, pénombre et culpabilité.

Cette chapelle-là, celle du sermon, est, il est vrai, un peu trop illuminée. Il faut pourtant relever, à propos de son choix, si l'on en croit certains commentateurs, en particulier Pierre Jourda[13], l'erreur de Stendhal sur le titulaire : *Santa Maria l'Annunziata*, et non *Sainte Marie de la Visitation* qui n'existe pas à Parme. Ce simple détail pourrait n'être pas dénué de signification, non pas l'erreur (on sait l'indifférence de Stendhal à la fidélité topographique et le peu de sûreté de sa mémoire), mais que l'écrivain ait eu à l'esprit une église ornée par une *Annonciation* du Corrège. Il faut se souvenir de la confidence à Balzac

---

13. P. Jourda : *Revue d'histoire littéraire*, janvier-mars 1935.

sur le personnage de la duchesse et l'on a noté plus haut à quel point les visages de ce peintre font songer davantage à Clélia, ce peintre qui a excellé dans l'exécution des figures angéliques comme dans la technique du clair-obscur.

Dans cette chapelle mondaine, celle du sermon prêché à la lumière des chandelles, Clélia toutefois ne paraît pas aussitôt. Il y faudra l'artifice de la jalousie et des présages de mort (jalousie amenée de façon un peu laborieuse) pour qu'elle se décide à aller entendre le prédicateur à la mode et lui accorder enfin le rendez-vous nocturne :

> « Cherchez quatre bravi de la discrétion desquels vous soyez sûr, et demain au moment où minuit sonnera à la Steccata, trouvez-vous près de la petite porte qui porte le numéro 19 dans la rue Saint-Paul. Songez que vous pouvez être attaqué, ne venez pas seul. »[14]

(La précaution, nous le verrons dans la seconde partie, correspond à un phantasme important de l'imagination de Beyle).

La petite porte en question n'est autre que celle de l'orangerie du palais Crescenzi. La rencontre se place sous le signe de l'arbuste curieusement lié à l'enfance, donc baignée par un effluve rappel du temps antérieur, profondément mémoriel. Sa mise en scène est aussi singulière. Elle confirme et renforce la fonction onirique de la figure de Clélia. Désormais elle est bien celle qui n'est présente qu'absente, elle est bien l'ombre, le fantôme de la mémoire avec qui vous communiquez seulement par un code, symbole d'un langage perdu... L'auteur n'a pas conclu lorsqu'il le devait, faute d'avoir rencontré jusque là cette situation idéale, le pendant exact de son rêve ; une raison supplémentaire à joindre à toutes celles qui, à l'inverse, l'empêchent souvent de poursuivre et l'incitent à sauter d'une fiction l'autre ou d'une fiction à l'autobiographie, quand il ne mêle pas les genres. Une sorte d'intuition et l'examen de la *donne*, c'est-à-dire des bornes imposées par le matériel romanesque choisi, semblent lui souffler qu'il échouera. Stendhal reste prisonnier de sa *constance thématique* pour reprendre l'expression de M. Gérard Genette[15].

Dans la tour Farnèse, si peu que ce soit, si rarement que ce soit, la figure adorée était perçue. Au seuil de la petite porte,

---

14. *La Chartreuse de Parme*, p. 473.
15. Gérard Genette, « Stendhal et le jeu littéraire », in *Figures II*.

nous voici enfin amenés à la situation subtilement préparée depuis longtemps par le vœu de Clélia, et qui comble le vœu secret du désir : se trouver dans une obscurité profonde, mieux encore dans une obscurité qui se double d'une semblance d'absence, la situation matricielle !¹⁶ Car la seule réalité de la figure se traduit au début par une caresse invisible sur la main de Fabrice et par une voix qui chuchote à travers le treillis d'une fenêtre, une voix qui, en même temps qu'elle réaffirme la foi jurée, la constance de l'amour, réaffirme aussi, comme si l'un et l'autre étaient liés, la perennité du vœu et, oh félicité ! subordonne le don de soi à son observance absolue, en termes qui, comme l'a bien vu M. Gilbert Durand, nous font toucher à la dimension mythique :

> « J'ai fait vœu à la Madone, comme tu sais, de ne jamais te voir ; c'est pourquoi je te reçois dans cette obscurité profonde. *Je veux bien que tu saches que si jamais tu me forçais à te regarder en plein jour, tout serait fini entre nous.* »¹⁷

Sous la casuistique du vœu premier, proche encore du marivaudage, et qui persévère : « Mais d'abord je ne veux pas que tu prêches devant Anetta Marini... »¹⁸, on distingue maintenant un autre vœu ; mieux, l'engagement se change en interdit profond. Il semble s'être formé dans l'intervalle entre l'infraction et le nocturne, à mesure, dirait-on, que Clélia assumait davantage la fonction maternelle dévolue primitivement à la Sanseverina ; l'interdit au demeurant plonge en abîme dans la préhistoire. Le mythe qui surgit ici est à la fois reviviscence et reconnaissance. Il évoque bien entendu en cascade, et Eurydice perdue, et Mélusine, et Psyché, et Lohengrin, toutes évocations, à vrai dire, trompeuses, si ce n'est que ces légendes ont en commun la perte d'un être aimé par l'infraction d'un tabou mystérieux.

Vous remarquez en effet que cette résurgence obéit au même phénomène de renversement que la structure en triangle préliminaire. Dans la plupart de ces fables, l'infraction est commise par la femme. Quand l'homme la commet, c'est pour découvrir que l'interdiction était liée à quelque faute obscure ou anomalie de la créature féminine. C'est Psyché qui ne peut résister à

---

16. Il l'a rencontrée dans *Lucien Leuwen*, mais trop tôt sans doute. Le lieutenant, on s'en souvient, passe toutes ses soirées à épier la fenêtre aux volets rabattus de Mᵐᵉ du Chasteller, derrière laquelle il sait qu'elle se tient.

17. *La Chartreuse de Parme*, p. 474. En romain dans le texte.

18. *La Chartreuse de Parme*, p. 474.

l'interdiction que son époux lui a signifiée de ne pas chercher à le voir, de même qu'Elsa, dans Lohengrin, ne peut s'empêcher de supplier le chevalier de lui révéler son identité. Mélusine, elle, dissimule une queue reptilienne ou, dans la version de Gœthe, une double nature[19] : son appartenance secrète au monde des gnomes. La tradition met le péché du côté de la femme. Dans *la Chartreuse de Parme*, l'innocence appartient à celle qui doit rester invisible et la faute éventuelle dépend de l'homme. Si l'on tient à trouver un répons mythique précis, la correspondance apparaîtrait seulement avec l'histoire d'*Orphée et d'Eurydice*. Cette légende confirme d'ailleurs la préoccupation inconsciente qui a dû inspirer cette scène au narrateur.

Dans l'aventure qui provoque le malheur d'Orphée et de son épouse (mythe de régression), la référence à la faute, c'est-à-dire à la désobéissance volontaire, est absente. Seul intervient le hasard ou la fatalité qui veut qu'Eurydice, le lendemain des noces, mette son pied sur une vipère. Si Orphée enfreint l'ordre de ne pas se retourner vers Eurydice aussi longtemps qu'ils foulent le sol du royaume des morts, c'est par mégarde, par une erreur. Il était, lui, déjà sorti de l'Hadès : « *Ils n'étaient plus éloignés, la limite franchie, de fouler la surface de la terre* » rapporte Ovide. « *Orphée, tremblant qu'Eurydice ne disparût, tourna, entraîné par l'amour, les yeux vers elle...* »[20]. Entraîné par l'amour ! La fatalité se confond avec la mort promise à tous les êtres, à tout moment, fussent-ils dans la « fleur de la jeunesse »[21], rapt aveugle dont il est impossible de revenir :

> « Tout est soumis à vos lois » déclare Orphée aux divinités du monde souterrain » et nous ne nous attardons guère avant de prendre, un peu plus tôt ou un peu plus tard, la route de ce séjour commun. Nous aboutissons tous ici. »[22]

rapt qui voue la créature aimée au statut d'une ombre errante dans la mémoire, qui voue l'abandonné à l'écoute nocturne d'une voix derrière des jalousies obscures... La situation mythique magnifie le malheur enfantin de Beyle. Cependant le narrateur est éloigné de la résignation fataliste des créatures mythiques ; tendresse et interdit se prêtent un appui réciproque. Il médite, semble-t-il, la transgression rêvée inscrite en filigrane dans la

---

19. Goethe, *Wilhem Meister, Années de voyages*, p. 1270.
20. Ovide, *Métamorphoses*, **X**.
21. *La Vie de Henri Brulard*, p. 26.
22. Ovide, *Métamorphoses*, **X**.

conception de *la Chartreuse de Parme*. A ce point, il est vrai, une incertitude subsiste. Je pense à la béance qui s'ouvre dans le livre :

> « — Mon cher ange, je ne prêcherai plus devant qui que ce soit ; je n'ai prêché que dans l'espoir qu'un jour je te verrais.
> — Ne parle pas ainsi, songe qu'il ne m'est pas permis, à moi, de te voir.
> Ici, nous demandons la permission de passer, sans en dire un seul mot, sur un espace de trois années. »[23]

A qui devons-nous ce raccourci saisissant, qui laisse en suspens sur un interminable point d'orgue la scène matricielle ? *Sans en dire un seul mot...* comme si le silence soustendait le souhait : que tout reste ainsi, immobilisé à jamais ! On songe à la parole nietzschéenne : « L'instant veut la profonde éternité. »

L'auteur conclut donc en quelques pages qui ressemblent à un résumé. Beyle confie, on le sait, qu'il faut s'en prendre à l'éditeur qui se refusait avec fermeté à un troisième tome : « J'ai fait *la Chartreuse de Parme* ayant en vue la mort de Sandrino, fait qui m'avait vivement touché dans la nature. M. Dupont m'a ôté la place de la présenter. »[24]

Fut-il obligé de couper dans le manuscrit ou ne put-il développer ce condensé, si fort dans sa manière d'écrire ? (Les brouillons de *Lucien Leuwen* et de *Lamiel* le confirment). Nous ne le saurons sans doute jamais. En tout cas il est permis de ne pas partager les regrets de l'écrivain, d'ailleurs ambigus.

Il est en effet probable que la conduite de répétition qui guette Stendhal se serait manifestée à nouveau. L'enfance de Sandrino eut été celle d'un autre Fabrice, le souci de la paternité mis à part. Au demeurant cet amour paternel qui le soutenait, prétend-il, pendant sa dictée, aurait-il été apte à le peindre ?

Cette clôture rapide et sèche présente l'avantage de laisser la charpente du récit en évidence, une charpente par où nous voyons la tentation œdipienne et ses conséquences se réintroduire avec force. Sous le signe de l'ombre, la figure invisible lance un appel à la tendresse : « Entre ici, ami de mon cœur. »[25]

Cependant ce nocturne à la Corrège doit être saccagé. Même s'il faut faire crédit à Beyle dans le passage précité de sa lettre

---

23. *La Chartreuse de Parme*, p. 474.
24. *Lettre à Balzac*, 16 octobre 1840, premier brouillon.
25. *La Chartreuse de Parme*, p. 474.

à Balzac (ses confidences sont parfois suspectes), la transgression présente plus d'importance que le destin de Sandrino. Quoi qu'il arrive, qui viole un interdit doit subir un châtiment. Le produit d'une telle union dominée par une arrière-pensée incestueuse n'est pas viable.

Ainsi, dans les *Affinités Electives*, l'enfant doit par nécessité disparaître. La couleur de ses yeux, celle des yeux d'Ottilie, évoque trop la consanguinité et la faute réside dans le songe coupable, à la recherche de sa punition.

Ainsi les pulsions du désir soufflent à l'écrivain français ce morbide complot où perce le souci d'une identification à un père qui jouerait son rôle normal, le souci d'une filiation marquée par l'amour, celle qui a manqué à Fabrice :

« Il ne voulut pas qu'il s'accoutumât à chérir un autre père. Il conçut le dessein d'enlever l'enfant avant que ses souvenirs fussent distincts. »[26]

Mais ce genre de paternité est impossible, il est mortel ! « Il fallait feindre une maladie : l'enfant serait de plus en plus mal ; enfin il viendrait à mourir pendant une absence du marquis Crescenzi. »[27]

Il ne fait guère de doute que cette comédie macabre enveloppe un désir de mort, tant elle ressemble à une démarche d'envoûtement. De par une fantasmagorie tout onirique, l'écriture emmêle à ce point pensée de mort, faute et amour en un nœud inextricable. La maladie feinte entraîne, on le sait, Fabrice à rendre visite chaque nuit à l'enfant. Jusqu'ici Clélia a respecté le vœu à la lettre, ne recevant son amant que de nuit et sans lumières, mais le complot a pour effet que

« Quelquefois Fabrice était obligé de la voir à la clarté des bougies, ce qui semblait au pauvre cœur malade de Clelia un péché horrible et qui présageait la mort de Sandrino. [28]

Le présage ne mentira pas et la signification de l'interdit se dessine, ouvre d'étranges perspectives...

On est incité à revenir ici sur les résonances mythiques du vœu. Il offre en surface un mélange d'enfantillage et de peur superstitieuse teintée d'autopunition. Puis vous remarquez aussitôt la disproportion entre le châtiment et la faute, sensible

---

26. *La Chartreuse de Parme*, p. 475.
27. *La Chartreuse de Parme*, p. 477.
28. *La Chartreuse de Parme*, p. 478.

aussi bien chez Stendhal que dans la fable. Psyché, après tout, satisfait une curiosité fort naturelle et le malheureux Orphée paie vraiment très cher la tentation de s'assurer que son épouse l'a suivi. Bien plus, il est certain que, sous l'angle de la raison, l'obstination de Clélia a un côté absurde et hypocrite.

Il faut donc qu'il y ait autre chose, que le récit manifeste recouvre un contenu oblitéré, dans la ligne certes du fantasme œdipien, mais qui déborde sans doute le pur noyau infantile. Ce contenu n'est pas difficile à découvrir. Il suffit d'examiner de près la structure formelle du texte qui peut se réduire à ce simple énoncé : *on est puni quand on cherche à voir ce que l'on ne doit pas voir.*

L'apparente disproportion entre l'acte et le châtiment s'annule sur le champ. On sait que ce que l'on ne doit pas chercher à voir est le plus souvent d'ordre sexuel, nudité parentale, relations parentales, etc.. Là est sans doute le profondément caché, ce qui appartient à une nuit plus opaque encore. Le regard bouleverse donc la signification archaïque du nocturne. Car la nuit est aussi, il ne faut pas l'oublier, « la sainte, la pleine de mystère » de Novalis[29]. Elle est le lieu de la Genèse ; elle engendre qui verra le jour, mais par une opération préservée du mal. *La Nativité* est nocturne et Novalis écrit curieusement :

> « Nous nous sentons agités d'un obscur émoi pour lequel il n'est pas de mot ; je vois s'incliner vers moi avec joie un grave visage plein de douceur et de recueillement, et sous une forêt de boucles emmêlées apparaissent les traits de la Nuit maternelle, jeune pour l'éternité. »[30]

La vue diurne des mystères détruit donc l'innocence. Elle scelle la perte du paradis. Les paroles de la *Genèse* font sans équivoque de la vision l'organe du mal : « L'arbre était séduisant à *voir*. Le jour où vous en mangerez vos *yeux* s'ouvriront... Les *yeux* de l'un et de l'autre s'ouvrirent »[31], et faut-il rappeler qu'Œdipe se crève les yeux en châtiment...

Bref, il n'est pas surprenant qu'une charge libidinale extrêmement puissante soit en latence dans la trame du récit, que sa logique ordonne le dénouement, charge que l'écriture pudique et faussement transparente de Stendhal laisse ici affleurer par mégarde, en des lignes où il glisse une précision révélatrice...

29, 30. Novalis, *Hymnes à la Nuit. I*, Trad. Geneviève Bianquis.
31. La Bible, *Genèse*, Trad. Ecole biblique de Jérusalem.

Comme il fallait s'y attendre, l'enfant enlevé meurt et l'auteur commente la catastrophe en ces termes :

> « Clélia se figura qu'elle était frappée par une juste punition pour avoir été infidèle à son vœu à la Madone : elle avait vu si souvent Fabrice aux lumières, et même deux fois en plein jour et *avec des transports si tendres*, durant la maladie de Sandrino. Elle ne survécut que de quelques mois à ce fils chéri... »[32]

On reste rêveur devant ces *transports si tendres* au chevet d'un enfant. Qui sait si ce détail ne nous livrerait pas une clef de ce thème, presque obsessionnel chez Stendhal ? La nuit doit être d'autant plus préservée qu'elle fut le lieu de l'innocence perdue. Partant la honte, la dérision sont toujours liées à la brutale irruption de la lumière sur un spectacle surpris...

M. Gilbert Durand, dans son ouvrage sur *le décor mythique de de la Chartreuse de Parme*, a relevé cette fréquence insolite de la référence à la vue, non seulement dans le sens faste, mais dans le sens maléfique. Les amants s'épient, mais le regard fait mourir. Il y a aussi le motif de l'espionnage qui revient sans cesse : l'abbé Castanède, dans *le Rouge et le Noir*, espionne pour la congrégation ; les mouchards fourmillent dans *Lucien Leuwen ;* des sbires, Ascagne en particulier, sont attachés aux protagonistes de *la Chartreuse de Parme*. Le terme est corrélatif de celui des écritures secrètes, des changements d'identité. La fonction de la vue est aussi nettement orientée dans le sens de la vengeance, et vengeance qui consiste à faire honte en éclairant : dans l'épisode de la Fausta, celle du comte jaloux se traduit par l'illumination de la rue sous les fenêtres de l'actrice :

> « Cinquante flambeaux allumés parurent dans la rue en un clin d'œil et comme par enchantement. »[33]

Une scène semblable se retrouve dans *l'Origine des Grandeurs de la famille Farnèse*, au chapitre consacré à la « vengeance du cardinal Aldobrandini sur la personne de Girolamo Longobardi ». Le cardinal a offensé un ambassadeur. Celui-ci, apprenant qu'Aldobrandini a une liaison avec une cantatrice, lui ménage une retraite aux flambeaux :

> « Quand Aldobrandini quitta mystérieusement le logis de sa belle, quatre grands diables de laquais sortant subitement de leur cachette l'entourèrent, munis de torches, et s'offrirent

---

32. *La Chartreuse de Parme*, p. 479. En romain dans le texte.
33. *La Chartreuse de Parme*, p. 221.

à l'accompagner, par honneur, disaient-ils. Le cardinal qui crai-
gnait à bon droit la lueur traîtresse des torches voulut les ren-
voyer. Mais devant leur insistance, et pour éviter un surcroît
de scandale, il dut consentir à se laisser escorter. »[34]

Dans les *Chroniques Italiennes*, une religieuse est prise en
flagrant délit d'une manière analogue par l'abbesse de son couvent : « Les deux amants n'étaient éclairés que par la lumière
incertaine des étoiles ; leurs yeux furent tout à coup éblouis par
la vive clarté de huit à dix lampes éclatantes que l'on portait
à la suite de l'abbesse. »[35]

Dans une curieuse scène de *Lucien Leuwen*, le moyen uti-
lisé par du Poirier pour éloigner de Nancy le lieutenant sera
la vision subreptice d'une mise en scène d'accouchement de
façon à le persuader de la duplicité de Mme du Chasteller :

> « Leuwen fut placé dans un retranchement en bois peint
> qui occupait la moitié de l'antichambre de Mme du Chasteller.
> De là il voyait fort bien ce qui se passait dans la pièce voi-
> sine. »[36]

On fait, bien entendu, aussitôt le rapprochement avec la
propension au voyeurisme confessé dans *La Vie de Henri Brulard*
et dans le *Journal* :

> « J'ai guetté longtemps avant de me coucher la chambre
> d'une femme... Sa porte était entrouverte et j'avais quelque
> espérance de surprendre une cuisse ou une gorge. Telle fem-
> me qui, toute entière dans mon lit, ne me ferait rien, me donne
> vue en surprise des sensations charmantes, elle est naturelle,
> je me suis pas occupé de mon rôle et je suis tout à la sensa-
> tion. »[37]

Nous y reviendrons. Cependant on distingue à travers ces
exemples une dialectique complexe. *Voir en surprise* excite le
désir, mais en même temps, comme je l'ai souligné dans cette fin
de *la Chartreuse de Parme*, voir détruit l'édifice sentimental, voir
fait mourir ! Gilbert Durand écrit excellemment : « Voir sans être
vu est suprême bonheur, bonheur littéraire, mais la satisfaction
de voir tue l'être même de l'amour. »[38] Cette attitude corrobore
la nécessité du maintien de la *distance* entre l'amant et l'être

---

34. *Origine et grandeur de la famille Farnèse*, p. 487.
35. *Chroniques Italiennes, Suora Scolastica*, p. 328.
36. *Lucien Leuwen*, III, p. 127.
37. *Journal*, p. 1104.
38. Gilbert Durand, *Le Décor mythique de la Chartreuse de Parme*,
p. 212.

aimé, *distance* dont le sens maintenant s'enrichit. Elle exprime non seulement la réalité de la mort, mais la protection contre une honte lointaine où la pureté de la nuit aurait été troublée. Le plaisir enferme sa punition, le plaisir implique une transgression sans laquelle il ne serait plus plaisir. Cet effet aura toutefois pour conséquence, comme il se produit souvent chez qui l'Œdipe n'a pas trouvé sa résolution normale, un divorce, évident chez Beyle, entre l'aspect sexuel et l'aspect sentimental de l'amour. Nous le vérifierons : la *distance* entre la timidité, la réserve du soupirant et les termes crus, grossiers, par lesquels il désigne l'acte physique, est manifeste ; de même le contraste entre la conduite réelle de l'auteur à l'égard de certaines femmes et son extrême pudeur de romancier, en particulier dans *la Chartreuse de Parme*. Il n'y a guère, je le rappelle, que trois lignes dans cet immense roman pour faire allusion à cet aspect de la liaison avec Clélia.

Le même divorce est encore mis en lumière dans *Lamiel* par l'invention du grimage qui enlaidit la créature désirable. La jeune fille frotte sa joue avec une lotion colorante qui simule une dartre. L'opération lui permet d'épier sans être devinée, mais surtout de repousser le désir. La dartre symbolise à la perfection la menace mêlée d'attirance de la sexualité. Chez Beyle, le plaisir veut un nimbe de dégoût. Dans le même roman, il est demandé de déposer un baiser sur la joue hideuse en guise de de preuve d'amour.

On pourrait multiplier les exemples : toujours il y a conflit entre le désir et ses représentations mentales, partant de constants égarements dans les choix objectifs. Le désir s'adresse à qui ne peut satisfaire ses exigences, mais il recherche précisément ce qu'il ne souhaite pas trouver, comme les multiples échecs amoureux l'attestent. Cette conduite brisée, prisonnière de sa contradiction se projette dans le roman sous l'espèce de deux types féminins opposés et complémentaires : l'une est dépositaire de la libido primitive, maternellement involutée, l'autre incarne à la fois le pôle négatif de l'ambivalence et une sorte de rêve libérateur. En se portant sur un type féminin doté de traits diamétralement opposés à ceux de la figure maternelle (la lignée des Amazones, Vanina Vanini, Mathilde, etc.) le désir tente de nier avec violence son attirance première mais il sait au fond la vanité de sa tentative et ne tarde pas à glisser de l'opposition à la complémentarité (rivalité puis alliance). Ce glissement fait passer toutefois de l'une à l'autre moins l'investissement sexuel que l'attachement tendre. La tendresse doit être la solution finale du conflit, le produit du combat des contraires. La dialectique du désir devient celle du même et de l'autre. Elle porte en son mouvement la nostalgie de l'identité perdue. Elle ne se déploie en triangle qu'en vertu d'une quête de la ressemblance. Il y a chez Rousseau, non seulement la même triade, mais l'intuition profonde de cette visée ultime lorsque, à la fin de *la Nouvelle Héloïse*, tant admirée par Beyle adolescent, Julie s'acharne pour conclure le mariage de Claire et de Saint-Preux.

Je me demande en outre si la célèbre définition du roman « *miroir promené le long d'un chemin* » ne pourrait pas être interprétée dans ce sens, au-delà de celui que Stendhal lui prête. Le miroir, n'est-ce pas l'objet médiateur qui permet de passer par comparaison de l'image externe au modèle intérieur, un objet toujours secrètement platonicien ? Et cette nostalgie de l'unité antérieure apparaît encore si vous suivez l'évolution du *triangle du désir* pour reprendre l'expression de R. Girard[39], à travers l'œuvre. L'importance des *médiateurs externes*, des rivaux ne cesse de décroître d'un roman à l'autre. Déjà, dans *le Rouge*, ils n'ont guère de consistance. Julien n'éprouve pas de jalousie envers Rênal ou Valenod. Dans *Lucien Leuwen*, ils sont suscités par artifice. Ils disparaissent dans *la Chartreuse de Parme*. Fabrice n'entre pas en rivalité avec Mosca et le falot Crescenzi ne représente guère qu'un obstacle social. On passe ainsi avec plus d'aisance de l'opposition à la complémentarité des figures. A la fin Fabrice se retrouve presque au seuil de la fusion, mais fusion impossible qui se résout seulement par la mort...

En même temps, cette fin de *la Chartreuse de Parme* ouvre sur une énigme. Si les conséquences pernicieuses, mortelles de la *vue* apparaissent avec netteté, il reste à savoir pourquoi l'imagination stendhalienne a privilégié cet interdit-là, et sa transgression. Il a dû jouer un rôle capital dans l'histoire de l'inconscient pour avoir acquis (de même que la bouche) cette permanence obsessive, et engendré une telle résonance mythique. L'œuvre, il faut le reconnaître, ne livre que des indices, et il est normal qu'elle ne permette pas de conclure sur une certitude.

A supposer, comme le prétend Jean Prévost, qu'à partir de 1830, Stendhal emploie des souvenirs qu'il ne raconte pas[40], il reste que nous avons affaire à une fiction. Aussi fort que soit

39. René Girard, *Mensonge romantique et vérité romanesque*.
40. Jean Prévost, *La Création chez Stendhal*, p. 53.

le désir de l'auteur de la traiter en matériel projectif, il ne peut la modeler absolument à son caprice. Il se trouve obligé, s'il veut maintenir la cohérence, de respecter les lois organiques de développement inscrites dans le choix initial de la conception. Stendhal, nous l'avons constaté, ne se plie pas avec aisance à cette règle de la composition littéraire. Cependant, s'il se soucie peu, surtout dans *la Chartreuse de Parme*, de la vraisemblance des situations, il ne transige jamais avec l'unité des caractères (sauf peut-être, et le cas prête à discussion, dans *le Rouge et le Noir*). Cette exigence, dans la perspective de cette étude, ne va pas sans brouiller les cartes. Ajoutons que si l'écrivain cherche toujours dans ses livres à prendre au piège sa propre énigme, il le veut rarement jusqu'au bout. Les contraintes formelles de l'art viennent souvent au secours de ses résistances, et un excès de clarté ne risquerait-elle pas de tarir la source de sa fécondité ?... C'est une raison supplémentaire pour ne pas lui accorder un crédit total. En revanche ces ruses plus ou moins conscientes autorisent à interpréter.

J'ai toujours présents à l'esprit en écrivant ces lignes les *transports si tendres en pleine lumière* auxquels Fabrice et Clélia s'abandonnent pendant la maladie de l'enfant. J'émets avec prudence l'hypothèse que le miroir de la fiction pourrait bien obéir aux lois de la réflexion optique qui renverse les images, ainsi que le rêve déguise par inversion les rapports réels entre les acteurs. Cela nous amènerait à supposer qu'à la source de la malédiction visuelle et de ses plaisirs, il y aurait quelque éclairage involontaire projeté dans la prime enfance sur une scène secrète de la nuit ?...

Outre les textes déjà cités où la honte et l'offense prennent la forme de cette lumière agressive projetée sur celui ou ceux qui veulent l'ombre, vous en découvrez d'autres où le héros est témoin involontaire des secrets nocturnes. Dans le *Philtre*, une nouvelle, le héros se trouve enfermé dans la chambre de son amante et est contraint d'assister aux caresses du mari.

> « Mon mari est toujours amoureux de moi ; plusieurs fois il me donna quelques baisers et me prit dans ses bras. Mayral, malade d'orgueil plus que d'amour, se figura que je ne l'avais caché que pour le rendre témoin de ces transports. »[41]

De même, dans *le Coffre et le Revenant*, l'amant se trouve enfermé dans le coffre déposé dans la chambre conjugale. Le

---

41. *Le Philtre*, p. 150-151.

mari rentre pour, une fois de plus, accabler l'infidèle « des plus tendres caresses »[42].

Cependant, on ne peut aller plus loin que l'hypothèse. Le texte, j'y insiste, autorise seulement à interpréter. Ma conviction personnelle toutefois est que le noyau infantile de l'Œdipe, déjà affecté par la mort, est précédé d'une autre histoire infiniment plus reculée, contemporaine du temps sans langage, sans doute à jamais hors d'atteinte de l'investigation, peut-être en rapport avec la curieuse valorisation buccale projetée dans les fils nourriciers et les poisons...

---

42. *Le Coffre et le Revenant*, p. 123.

BILAN :
L'IMAGINATION DE STENDHAL

La lecture de *la Chartreuse de Parme* nous met donc en présence des figures les plus secrètes de l'imagination stendhalienne. Elle révèle aussi comment celle-ci fonctionne. La fièvre improvisatrice agit telle la poussée de certaines constellations souterraines, avides de se projeter dans l'écriture sous forme de situations répétitives qui, une fois rencontrées, permettent d'aller jusqu'au bout de l'entreprise : contemplation à *distance*, félicité *recluse, nocturne*... Elles ont pour trait commun que la pulsion de mort l'emporte sur la force de vie, le principe de plaisir sur celui de réalité pour emprunter le vocabulaire de Freud. On pourrait voir là le signe d'une libido demeurée au stade préœdipien, l'œdipe lui-même étant marqué ensuite par certains accidents de la protohistoire : les périls visuels et buccaux.

Ce sont ces traits ou thèmes qui font le charme sans pareil du roman, mieux son envoûtement, lié au glissement par progrès vers une relation onirique entre les êtres, à mesure que la semi-improvisation noue le matériel imaginaire dans le sens désiré, nous fait passer de la fausse liberté initiale à l'accomplissement du destin, de l'écriture en surface, cursive, à l'écriture *secrète*.

Le processus se retrouve chez Proust sur une échelle plus étendue, lorsque le monde de la *Recherche* se met à subir une prodigieuse amplification interne, qui correspond au moment où, par le biais de l'écriture et de la découverte, plus tardive qu'on ne l'a supposé longtemps, de la mémoire émotionnelle[1], l'œuvre se met à ressembler à un immense songe, dominée par un décalage de plus en plus sensible entre les actes des personnages et les situations dans lesquelles l'auteur les place.

---

1. Georges Painter, *Proust*, le tome 2 en particulier.

A partir d'une certaine ligne invisible qui passerait à peu près au centre de *Du côté de Guermantes*, il n'est plus une situation (séquestration, apparitions, disparitions, scènes épiées) qui ne soit invraisemblable. Cette contamination de la réalité devenue miroir du rêve, Stendhal la subit dans son duché d'opérette, lorsqu'après le faux départ picaresque il retombe dans la prison du désir. Désormais, il pourra animer son livre sans le moindre recours aux accidents externes. Tout est devenu nécessaire. Les rouages de ses figures profondes jouent sans défaillance jusqu'au terme.

On distingue aussi mieux par l'exemple de cette réussite, pourquoi dans certains cas, comme nous l'indiquions plus haut la dictée s'essouffle et tourne court. Dans *Lucien Leuwen*, elle s'arrête soudain après la rencontre de Mme du Chasteller à la chapelle et la longue scène du dîner et de la soirée chez les Serpierre. C'est un passage statique du « *Chasseur Vert* », admirable à bien des égards, aussi étincelant qu'une soirée proustienne, pendant lequel la *cristallisation* se précise, mais il reste insuffisant sans doute pour précipiter ce que l'auteur recherche inconsciemment. Le héros ne cesse ensuite de courir par monts et par vaux sans jamais rencontrer le point d'inflexion qui le ramènerait vers son commencement trop fortuné : le jeune officier sous la fenêtre obscure de l'aimée, attendant *à distance* un signe qui ne vient pas... Il faut affirmer résolument que, sous l'angle onirique, le sujet n'était pas dans sa veine. Il semble avoir voulu faire un livre qui prenne le contre-pied systématique de ses obsessions. Mme du Chasteller n'est en aucune façon une créature maternelle. La maternité elle-même y est traitée comme un facteur de trahison (le faux accouchement par lequel du Poirier éloigne Lucien). Vous remarquez aussi que le personnage du père est décrit pour la première fois sous des traits aimants et aimés :

« *Lucien avait tout simplement un accès de tendresse pour son père* » lisons-nous avec étonnement au deuxième chapitre de la partie rédigée[2]. La figure de la mère est présentée selon une technique réaliste. La famille Leuwen vit sous le signe du bonheur et de la concorde. Stendhal est l'écrivain le moins fait pour réussir ce tour de force. Il ne peut mettre au service d'un tel canevas que son talent et sa virtuosité de plume. Son génie ne trouvera guère l'occasion de s'y glisser. L'échec final, si l'ina-

---

2. *Lucien Leuwen*, I, chap. 2, p. 26.

chèvement peut être tenu pour un échec, illustre la réflexion
de Thomas Mann :

> « Pour se décider à entreprendre une œuvre, il faut que
> le sujet présente quelques part un point que l'on ne saurait
> effleurer sans sentir, régulièrement, le cœur s'épanouir. Ceci
> précisément est le point productif. »[3]

Les mêmes remarques vaudraient pour *le Rose et le Vert*,
pour *Lamiel* qui ne sont que des départs, fondés, il est vrai
sur des dispositifs assez semblables par la forme à celui de *la
Chartreuse de Parme* : quitter un état dans lequel le héros ignore
qui il est par le subterfuge d'un déguisement qui permettrait, en
se faisant autre, de trouver la vérité sur soi-même. La lancée
avorte pour des raisons moins claires, en partie extérieures au
texte sans doute. *Lamiel* en particulier s'enlise dans la psychologie, comme le montrent les brouillons publiés dans l'édition
Del Litto. Il est permis de se demander si l'échec ici n'est pas
lié au choix d'une figure féminine comme personnage central.
Stendhal s'efforce d'ailleurs de la masculiniser. On sent qu'il
s'identifie mal à une héroïne.

Dans *le Rouge et le Noir* lui-même, où le point productif
existe, où la situation œdipienne est présente d'une manière
beaucoup plus nette et brutale, voire syndromatique, où bien
entendu la réussite n'est pas niable, on est frappé toutefois
par le contraste entre la composition harmonieuse, d'une perfection souveraine, de la première partie à Verrières, et celle
beaucoup plus heurtée de la seconde, louvoyante, hésitante, à
partir du moment où Julien commence lui aussi à voyager, où
l'imagination de l'auteur guette, semble-t-il, le moment de précipiter la catastrophe, pourtant si clairement annoncée par une
série de signes prémonitoires, depuis l'église sanglante jusqu'aux
avertissements de l'abbé Pirard, sans en trouver les moyens
avec la même aisance. C'est que la manière dont le matériel
imaginaire a fonctionné le sert moins. Il a établi une rupture
entre Verrières et Paris. Il a fait du séminaire un obstacle beaucoup plus formidable que la forteresse de Parme et la soutane
d'abbé de cour portée par Fabrice. Le glissement de la figure
maternelle « classique » à celle plus profonde, porteuse de l'*angélisme*, ne s'est pas fait ou n'était pas encore venu à maturité.
Le type de fixation si particulier qui est le sien ne lui suggère

---

3. Thomas Mann, *Correspondance*, I, Lettre à Bertram, 28.12.1926.

alors que la variante négative du désir, la créature d'opposition, à mille lieues de la douceur corrègienne, l'incarnation même de la pulsion de mort. Après Armance et Mina de Vanghel, Mathilde est une Amazone, la femme virilisée, celle qui déchire, qui met en pièce le mâle, à la limite qui le punit de sa virilité coupable. L'émasculation guette celui qui se montre infidèle à la tendresse primordiale. La *Penthésilée* de Kleist dépèce Achille avec ses dents, « de cette bouche toute gonflée d'amour.

> « Quoi ? Ces mains, cette bouche faites pour le servir tout autrement. »[4]

Entre l'Amazone de Stendhal et Julien ne s'établit guère qu'un rapport de maître à esclave qui se renverse en faveur de l'un ou l'autre, en alternance. A la lettre, ce sont des noces de mort. Julien s'avance, escorté par elle, à la manière du chevalier de la gravure de Dürer, avec un insolite foisonnement de symboles macabres chez un auteur d'ordinaire si sobre, si soucieux, comme il le déclare crûment à Balzac, de ne pas br. l.r le lecteur[5].

> « Il regarda Mlle de la Môle... Elle était pâle et avait tout à fait une physionomie du moyen âge. Jamais il ne lui avait trouvé l'air si grand, elle était vraiment belle et imposante. Il en devint presque amoureux. *Pallida morte futura* se dit-il (sa pâleur annonce ses grands desseins). »[6]

et cette pâleur de mort il faut la rapprocher du répons historique macabre : Marguerite de Navarre qui fait demander au bourreau la tête de son amant pour l'enterrer de nuit dans une chapelle située au pied de la colline de Montmartre... Mathilde, on s'en souvient, poussera jusqu'au bout l'imitation du modèle admiré.

Entre le mouvement pour s'émanciper du passé par l'ambition, qui fait une sorte de pendant au voyage initiatique de Fabrice, et le poids souterrain de ce même passé, il n'existe pas en réalité de médiateur pour le retour. A moins de continuer indéfiniment l'ascension sociale, il faut donc inventer un moyen de chute brutale. Julien est précipité dans la prison bienheureuse, cette fois le donjon de Besançon, et cette chute survient, on l'a souvent remarqué, sans préparation, ainsi que l'on coupe brusquement une corde tendue : lecture de la lettre de Mme de

---

4. Kleist, *Penthésilée*, p. 120, trad. Julien Gracq.
5. *Lettre à Balzac*, 16 octobre 1840, troisième brouillon.
6, 7. *Le Rouge et le Noir*, II, p. 187 et 387. En romain dans le texte.

Rênal, achat des pistolets, l'acte, tout se déroule avec une extrême rapidité, comme une foudroyante irruption ou retour de flamme de l'irrationalité au sein du roman et de la conscience du personnage. L'écriture sèche accentue l'impression d'un acte commis dans un état de quasi transe :

> « Julien resta immobile, il ne voyait plus. *Quand il revint un peu à lui*, il aperçut tous les fidèles qui s'enfuyaient de l'église. »[7]

La notation justifie une fois de plus la remarque de G. Blin :

> « Le rationalisme de Stendhal est une défense contre un puissant irrationnel »[8]

Cependant, lorsqu'il revient à lui, ce n'est pas pour se retrouver tel qu'il était auparavant, mais pour s'identifier de nouveau au Julien Sorel de Verrières. La vraisemblance de la modification a laissé perplexe nombre de commentateurs[9].

A mon sens, la rencontre d'une difficulté formelle et d'une pression subconsciente a engendré l'une des intuitions les plus profondes du roman. Le personnage de l'ambitieux calculateur a été d'autant plus facilement abandonné qu'il tenait plus d'un rôle (d'ailleurs si souvent mal tenu) que d'une exigence caractérielle. On sait aussi combien un rôle peut s'emparer de nous ! Qu'il est possible de céder à la logique des gestes qu'il ordonne tout en restant presque en marge du déroulement. Le crime reflète cette terrible ambiguïté quasi dostoieskienne. Stendhal a greffé une armature rationnelle ou plutôt rationalisante sur l'être tout de spontanéité et de sensations de la première partie. Sans doute obéissait-il par là à sa propre organisation mentale : le masque du paraître recouvre la sensibilité à la manière d'une censure, la bloque. Il en résulte, comme J.P. Richard l'a noté, une quasi incompatibilité entre penser et sentir. L'un trahit ou détruit l'autre[10].

> « Je pensais ce soir à minuit en me promenant au frais sur le bord de la mer... que cette volupté surhumaine de la fraîcheur de la brise de mer sous le ciel de Valence, en présence de

---

8. G. Blin, *Stendhal et les problèmes du roman*.

9. On lira, à ce propos, l'excellente analyse de P.G. Castex dans son commentaire du roman (CEDES). Il estime qu'une lecture attentive ne permet pas d'accréditer la thèse de Martineau pour qui le crime est le produit d'une crise délirante. Il s'inscrirait au contraire, dans la logique du caractère de J. Sorel.

10. J.P. Richard, *Littérature et sensation*, I. Connaissance et tendresse...

ces étoiles resplendissantes est inconnue à nos tristes pays brumeux. Cela seul vaut les quatre cents lieues à faire, cela aussi *empêche de penser à force de sensations.* »[11]

L'analyse brise la sensation, mais demeure une défense contre elle. Cependant les états les plus intenses de bonheur et de malheur, ceux dans lesquels l'homme n'est plus maître de soi, résident bien entendu dans la sensation : de là cette espèce de contradiction entre le goût du clair et du distinct et l'exigence parfois extatique de la dissolution du moi dans la rêverie. Ces derniers états qui s'enracinent dans le cœur obscur de la personnalité sont ceux dans lesquels le sujet est le plus vulnérable. Il importe donc de dresser le plus de barrières possibles entre eux et les regards indiscrets. Il y a concordance entre la fonction de l'égotisme et celle de l'obscurité. Dans la perspective de ce que j'appellerais un cartésianisme de défense[12], le meurtre peut apparaître comme l'effet d'une crise de rêverie, peu intelligible à qui ne possède pas une certaine connaissance des ressorts de la psychologie stendhalienne. En réalité, produit de l'irrationalité cachée, il entre ici en coïncidence avec la logique des épreuves que le moi lucide s'impose. Cette interférence entre les divers plans de la conscience, Stendhal, mal armé par la psychologie de son époque, prisonnier aussi de son système philosophique emprunté aux Idéologues, ne pouvait au demeurant la traiter, quand il écrit *le Rouge*, avec le génie dont un Dostoïevski fera preuve plus tard.

La réussite de *la Chartreuse de Parme* tient à ce que le roman met en scène un héros qui ne pense jamais dans un décor qui, par son irréalité et partant ses résonances mythiques, favorise le surgissement des figures profondes enfouies dans la sensation, davantage le surgissement de la part nocturne de l'être que la sensation révèle seulement par allusion à la manière de la phrase musicale.

Il faut rappeler enfin que d'un roman à l'autre une dimension importante du subsconscient a disparu : la pulsion de mort dirigée contre l'image maternelle... à vrai dire pas complètement. Elle surgit à nouveau, dans les rapports ultimes entre Fabrice et Clélia, mais sous une forme considérablement adoucie.

Dans « *Au-delà du Principe de Plaisir* » Freud soutient que la libido narcissique déplace l'instinct de mort pour le mettre

---

11. Stendhal, *De l'amour*, chap. XLV. En romain dans le texte.
12. Descartes, à qui l'on songe si souvent en lisant Stendhal.

au service de la fonction sexuelle et fonder ainsi plus tard l'ambivalence affective : amour/haine. Cependant toute explication théorique mise à part, il faut avouer que la forme prise par la composante sadique de la sexualité embarrasse chez Stendhal. Le pôle négatif de l'ambivalence bascule le plus souvent du côté de la haine dans le cas d'une fixation tyrannique dont Proust encore offre l'exemple. Si de *Jean Santeuil* à la *Recherche*, la pulsion semble désireuse de se masquer, de donner le change, la ruse, à mon sens, relève d'exigences qui n'intéressent pas seulement l'art. Aux déguisements du livre correspond une virulence accrue de la pulsion sur le plan de l'existence[13].

Le cas de Beyle est fort différent. Si la première enfance comme nous le verrons, est marquée par de forts penchants sadiques, sa mère disparaît tôt de sa vie. Il faudrait ainsi rattacher plus étroitement la composante de haine à la protohistoire, ce qui vérifierait les thèses de Mélanie Klein. Le sadisme ne franchit guère le seuil de la conscience claire. Une liaison serait aussi à établir entre le retournement de la pulsion contre la mère et le motif de *la lumière tueuse*... Par malheur nous possédons trop peu de renseignements sur ces périodes obscures. Il est significatif toutefois que, de ces événements lointains du temps sans mémoire, nous n'ayons guère d'autres échos que ceux qui traversent les grands romans.

Je m'attendais enfin, en examinant les ébauches de l'écrivain, à retrouver un projet d'*Hamlet*. Celui-ci en effet existe, contemporain de ses débuts, lorsque Beyle est possédé par l'ambition de devenir un grand dramaturge. La modification qu'il fait subir à la pièce de Shakespeare est intéressante. Nous lisons :

> « Hamlet est poursuivi par l'ombre de son père dès qu'il cède à l'amour. »[14]

Bien plus le spectre du père apparaît deux fois ! la seconde, c'est pour ordonner à Hamlet d'épargner sa mère :

> « Acte II : Alfred apparaît à Hamlet, lui nomme ses assassins Claudius et la reine et lui ordonne de le venger avant de partir. Il lui ordonne d'abandonner Gertrude à ses propres remords. »[15]

---

13. Voir Dominique Fernandez, « Proust, fils de personne », dans *L'Arbre jusqu'aux racines. (Grasset).*

14. *Théâtre*, p. 223 et 224.

15. *Théâtre de Stendhal*, p. 223.

Celle-ci en effet pénétrée bientôt par les remords, devient l'alliée de son fils et ils projettent de s'enfuir ensemble, mais elle mourra assassinée par le traître.

> « Acte V : Claudius est sur la scène. On vient lui annoncer la folie de sa fille. Il a des remords, il les surmonte. Il entre chez la reine pour la tuer.
>
> Hamlet entre pour sauver sa mère. Il voit sortir de chez elle Claudius avec un poignard sanglant. Il le tue. Arrive Ophélie folle. Scène déchirante... Elle aperçoit le corps de son père. La raison lui revient... Elle se tue.
>
> Hamlet : — Tu ne seras pas longtemps seule au tombeau. Il remet le gouvernement aux grands, conseille à la Pologne de se faire république et se tue. »[16]

Dans ce canevas la pulsion demeure donc fortement entravée. Comme il était prévisible, le terme positif de l'ambivalence l'emporte. Le brusque retour de flamme du *Rouge* n'est qu'une résurgence fugitive. C'est l'autre meurtre qui hantera l'imagination de Stendhal pour le céder à la fin à l'apaisement tendre de *la Chartreuse de Parme*...

Cependant bien des points, disions-nous, sont demeurés obscurs. Le texte autorise seulement la conjecture. Ces lacunes, le retournement du miroir, c'est-à-dire le passage de l'étude du roman à celle de l'existence de l'auteur, à travers le prisme des écrits autobiographiques, nous permettra peut-être de les combler.

---

16. *Théâtre de Stendhal*, p. 226.

II

BEYLE / STENDHAL

« Le caractère procède presque toujours de circonstances qui remontent jusqu'à
nos premières années »

Romain Colomb, *Notice sur
la vie et les ouvrages de
Henri Beyle.*

PRÉAMBULE

Il convient de rappeler au préalable qu'il ne s'agit pas de passer de l'œuvre à l'homme, mais du texte à l'écrivain. Beyle est devenu Stendhal. Il a choisi de privilégier l'écriture comme type de relation avec le monde. Il entendait ainsi donner une image de lui-même que l'œuvre aurait non seulement réfractée, mais contribuée à bâtir. Elle est à la fois moyen et fin. Par elle, l'homme a voulu se connaître, mais surtout s'accomplir. Comme le dit Jean Starobinski :

> « Certes l'œuvre inclut dans sa signification le passé et l'histoire personnelle de l'écrivain, mais une histoire transcendée ; une histoire dont on ne peut oublier désormais qu'elle est orientée vers l'œuvre ; une histoire qui se noue dans l'œuvre ; un passé désormais inséparable de la représentation qu'en donne, de façon explicite ou implicite, la vie présente de l'œuvre, où s'invente déjà un avenir... Choisir comme principe explicatif la seule dimension du passé (l'enfance, etc.), c'est faire de l'œuvre une conséquence, alors qu'elle est si souvent pour l'écrivain une manière de s'anticiper. »[1]

On pourrait ajouter en commentaire que, dans la mesure où écrire devient une certaine manière de vivre, cette vie elle-même, en dépit de son statut quasi marginal au sein de la société, surtout de la société moderne, se trouve transformée. Les échecs, le poids du destin qui ont peut-être incliné l'auteur vers l'écriture en guise de suprême recours, changent de sens. Dès que je cherche à l'éclairer, ce destin, à démêler ses fils, à remonter vers ses sources, soit par la fiction ou tout autre genre, il est pris en charge, il a perdu son caractère de fatalité. Celui qui commence à écrire introduit une dimension posthume dans ses relations avec les hommes : il les invite à un jugement a

---

1. Jean Starobinski, La Relation critique, p. 228, *Psychanalyse et littérature*.

posteriori sur ce qu'il fut, mais frappé d'incertitude. Il est impossible de savoir dans quel sens ce jugement inclinera ni quand il sera prononcé. Cette mort mise dans la vie a donc le caractère d'une page en blanc. L'événement, inéluctable par nature, est transformé par l'écrivain en contingence. Celle-ci étant suspendue aussi au genre de mes écrits, à leur histoire, le rapport mouvant de l'un à l'autre me fait accéder à une forme de la liberté. Je m'invente, si l'on peut dire, en un livre étrange dont la conclusion m'échappe en même temps que je la tiens.

Ces remarques invitent encore à préciser la portée de l'explication psychanalytique pure. Comme nous l'annoncions dans la préface de cette étude, elle a ses limites, inscrites dans la réorganisation du destin par l'art. Il ne faut pas oublier que les conséquences des conflits infantiles ne vont pas fatalement dans le sens du poème ou du roman, mais le plus souvent vers la maladie ou la simple bizarrerie caractérielle (Balzac le montre indirectement dans certaines de ses nouvelles qui mettent en scène des génies ratés, telles *Gambara* ou *Massimilla Doni*). Freud lui-même l'admet à la fin de son essai sur Léonard de Vinci. A propos de la sublimation du peintre, il écrit : « Il nous faut reconnaître ici une marge de liberté que la psychanalyse reste impuissante à réduire. »[2]

Cependant l'explication reprend valeur si elle permet de mieux comprendre la relation profonde entre la forme d'une œuvre et la structure subconsciente qui rendait cette forme nécessaire, entre les thèmes et les situations que la fiction propose et les phantasme de *l'écrivant*, en bref d'éclairer l'écrit à partir de l'intérieur en lui restituant une dimension invisible, au mieux celle de ces singularités du destin qui préparaient la possibilité éventuelle de l'engagement d'une historicité dans le champ des mots, telles les *Mères* du second Faust au sein de leur abîme, entourées d'images flottantes. C'est dans la perspective de ce passage des ombres à l'incarnation que nous nous proposons d'examiner l'existence de Beyle. Au reste, il nous y autorise peut-être plus que tout autre écrivain. Par sa manière de s'appréhender, de chercher à se connaître tout en se dissimulant, il faisait déjà de son existence une œuvre.

Cependant cette entreprise doit être entendue ici dans un sens particulier. C'est moins, j'y insiste, par sa manière d'être,

---

2. Freud, *Un Souvenir d'enfance de L. de Vinci*, p. 211.

que parce ce qu'il l'a récrite en l'interprétant que sa vie mérite ce qualificatif. A lire les écrits intimes, à relever leurs interférences constantes, avec les fictions, souvent voilées avec une négligence ostensible, alors que par ailleurs il brouille à plaisir les cartes ; que par exemple le *Journal*, ouvrage à usage intime s'il en fut, est parfois rédigé en collaboration, on ne peut s'empêcher de penser qu'il y a là une intention précise, une tactique, destinée à proposer une certaine image de soi-même où, à force de couches successives, de faux noms, d'erreurs calculées, de surimpressions, de pillages, le personnage originel disparaîtrait pour le céder à celui de l'écriture, pour aider aussi, qui sait, à force de rébus et d'énigmes excitantes, à la lecture posthume vers 1880 ou 1930 (la date varie sans cesse). Il ne s'agit pas de « l'invention d'un moi » dont parle Valéry[3], mais d'inviter autrui à une espèce de collaboration bizarre, exprimée par cette date de décès laissée en blanc dans l'un de ses jeux autobiographiques. La parole bien connue de P. Mérimée va plus loin qu'il ne le semble : « Il est impossible de savoir exactement ce que Beyle a écrit ». C'était sans aucun doute ce qu'il souhaitait : à la fois brouiller sa trace et nous inciter à la suivre par l'appât d'une énigme exhibée, comme le fera plus tard Raymond Roussel. L'énigme n'est d'ailleurs pas sans relation avec ce désespoir de ne pas parvenir à se connaître. A défaut, surgira cet autre « *moi* » issu des lectures successives, indéfinies du *je*. « Parler de Stendhal, c'est chaque fois se condamner à l'impression que l'on n'a rien dit, qu'il vous a échappé et que tout reste à dire »[4], note un critique contemporain.

Il ne faudrait pas croire non plus qu'en écrivant du posthume, Beyle cherchait seulement une revanche sur une gloire refusée de son vivant. La tactique s'inscrit dans la ligne générale de son attitude devant l'existence. Je rappelle que, s'il a choisi d'écrire et aimé à écrire, la transmutation complète de la vie en œuvre ne s'est pas faite chez lui comme chez Balzac, Proust ou Flaubert. Il a beaucoup écrit, certes, plutôt prodigieusement traduit, arrangé et compilé. Jamais pourtant n'apparaît l'exigence d'un ensemble, d'une unité cosmique formée par des textes finis où le temps vécu se fige en une sorte d'éternité. D'abord le passage se fait sur le tard. Il a quarante ans lorsqu'il

---

3. Paul Valéry : *Stendhal*, Variétés II.
4. Jean-Pierre Richard, *Littérature et sensation, Connaissance et tendresse chez Stendhal*.

publie *Armance* et l'on sait combien la part d'inachevés, d'ébauches est considérable. On pourrait dire qu'il a voué sa vie à l'écriture, non à la littérature. Comme nous avons tenté de le montrer à propos de son chef-d'œuvre, il semble que ce soit parce qu'il n'a cessé d'écrire en fonction de lui-même, des exigences thématiques de sa névrose. Celle-ci le jetait aussi bien dans un roman écrit que dans le roman vécu d'un amour. Il suffisait qu'il y retrouve cette intensité de la sensation, son guide constant. Son activité littéraire est dominée par la répétition. La psychanalyse dirait qu'il n'a jamais pu dominer le principe du plaisir, principe qui, rapporté à ses sources infantiles, détermine la passivité, présente dans ses fictions comme dans sa vie sentimentale. Le travail de l'écrivain n'est jamais ressenti chez lui comme un labeur, ce qui est fort rare. Stendhal vise, on s'en souvient, à se procurer l'équivalent fictif d'un bonheur immobile et reclus, semblable à celui qui peut être éprouvé dans la protohistoire. Il est fondamentalement un inactif dont le champ de conscience n'excède jamais les limites des impressions subjectives, trait qui se retrouve aussi bien dans le roman, dans sa critique d'art, que dans sa vie sentimentale. Partant il est voué à la solitude, au mieux à l'intimité rêveuse, vaguement tendre auprès de celles que sa timidité lui interdit de conquérir. Cette tonalité affective, lui-même la définit admirablement dans ces lignes écrites en 1817 :

> « J'éprouve un charme dans ce pays-ci dont je ne puis me rendre compte : c'est comme de l'amour ; et cependant je ne suis amoureux de personne. L'ombre des beaux arbres, la beauté du ciel pendant la nuit, l'aspect de la mer, tout a pour moi un charme, une force d'impression qui me rappelle une sensation tout à fait oubliée, ce que je sentais à seize ans à ma première campagne. Je crois que je ne puis rendre ma pensée ; toutes les circonstances que j'emploie pour la peindre sont faibles. »[5]

A qui recherche cet état, à cet amoureux de l'instant, la gloire, la royauté littéraire, l'ambition de devenir un « Napoléon des Lettres » à la manière de son titanesque correspondant ne peuvent au fond présenter tellement d'attraits ; cela ne vaudrait surtout pas l'immense, l'exténuante, la mortelle peine qu'il faudrait se donner dans l'arène parisienne des lettres. Cette figure du texte inachevé, *lacunaire*[6], quelques-uns sans doute se pen-

---

5. *Rome, Naples et Florence en* 1817, p. 118.
6. G. Genette, *Figures II*, « Stendhal et le jeu littéraire, aporie du stendhalisme ». p. 173.

cheront sur elle plus tard pour la glorifier, mais la figure de qui ? « Un livre est un billet de loterie sur l'avenir » écrit-il dans une lettre. Le posthume reflète autant le souci du présent que du futur. Il place l'écrivain dans une inactualité plus ontologique qu'historique. On retrouve ici cet appel de la question qui sert de titre au premier chapitre de la *Vie de Henri Brulard* : « Qu'ai-je donc été ? »[7], et qui fait pendant à la date laissée en blanc de l'*Autobiographie* de 1822. Celui qu'il a été, en raison de l'inachèvement de sa statue littéraire, rejoint celui qu'il sera grâce à n'importe quel lecteur, en tout temps[8]. Le passé du verbe souligne moins une intention mémorielle et l'amorce d'une tentative de reconstruction d'ailleurs abandonnée en route, qu'une déficience : l'existence est œuvre comme le texte, mais de ce fait inachevée au même titre, inachevable et déjà finissante... Impression que le panorama de Rome, la Ville-mère, vue du Janicule, accentue métaphoriquement au début de la *Vie de Henri Brulard*.

Rome est ce qu'elle fut et ce qu'elle est pour nous tous qui la découvrons pour la première fois, mais cette situation exceptionnelle et quasi sacrée projette une ombre à jamais impénétrable sur sa réalité historique lointaine.

Beyle/Stendhal fondait par son étrange et subtile attitude envers lui-même et ses textes, à défaut de la totalité close d'un monde imaginaire, le mythe de son propre moi. C'est ce mythe que nous devons maintenant explorer pour tenter de le raccorder à ses prolongements fictionnels.

---

7. *La Vie de Henri Brulard*, p. 5.
8. Je me persuade qu'il en eut l'intuition : usage du *il* et de pseudonymes quand il s'analyse ; série des autobiographies ouvertes, et surtout la Ve partie de celle écrite en 1837 où, sur le mot de Janin : « Ah ! quel bel article nous ferions si vous étiez mort ! », il s'amuse à l'écrire pour clore sur la célèbre épitaphe : *Arrigo Beyle, Miilanese...*, p. 1500.

HENRI BRULARD

Les écrits intimes introduisent d'emblée dans un climat hanté par le thème œdipien. Les premières révélations de *la Vie de Henri Brulard* font choc. La confidence est directe, plus nette que celle de Baudelaire. Aussitôt le rapprochement s'impose entre les réflexions liminaires assez décousues sur le passé de Beyle, centrées autour de la remarque « J'ai été constamment occupé par des amours malheureuses » et la déclaration bien connue :

> « Mais je diffère depuis longtemps un récit nécessaire, un des deux ou trois peut-être qui me feront jeter ces mémoires au feu. Ma mère, Madame Henriette Gagnon, était une femme charmante et j'étais amoureux de ma mère. Je me hâte d'ajouter que je la perdis quand j'avais sept ans. »[1]

et il précise dans l'*Autobiographie de 1831* : « *Il n'aima aucun de ses parents. Il était amoureux de sa mère qu'il perdit à sept ans.* »[2]

Il tient peut-être le sentiment pour coupable, susceptible en effet de justifier la destruction de son texte. Vous remarquez aussi qu'il donne à sa mère son nom de jeune fille, comme pour annuler le lien marital.

La critique s'est efforcée de minimiser l'importance de la confidence. H. Martineau renchérit sur Arbelet pour affirmer que Beyle a aimé sa mère comme tout le monde[3] et Victor del Litto écrit :

> « On a voulu voir dans l'aveu de cet amour l'expression d'un sentiment malsain et le goût du scandale. Rien de moins certain. »[4]

---

1. *La Vie de Henri Brulard*, p. 26.
2. *Autobiographie* de 1831, p. 1490.
3. H. Martineau, *Le Cœur de Stendhal*, p. 39.
4. Victor Del Litto, *La Vie de Stendhal*, p. 36.

Sans vouloir opposer le facile argument de la résistance à la réalité de l'Œdipe (Martineau d'ailleurs nuance sa pensée en déclarant plus loin que si Beyle ne recherchait pas sa mère dans ses maîtresses, il recherchait un peu de « cet amour tendre qu'il avait perdu avec elle dans son enfance »[5]), il est permis de juger cet amour *normal* plutôt excessif dans ses manifestations, si vous poursuivez la lecture. Non sans une émotion qui perce à travers l'écriture, Beyle décrit avec précision les caresses qu'ils échangeaient, allant jusqu'à souligner avec pénétration leur caractère sensuel (Freud ne le cite jamais à ma connaissance) :

> « Je voulais couvrir ma mère de baisers et qu'il n'y eut pas de vêtements. »[6]

et la formation de l'hostilité traditionnelle :

> « J'abhorrais mon père quand il venait interrompre nos baisers. Je voulais toujours les lui donner sur la gorge. [7]

Il trace le portrait d'une jeune femme aux formes enveloppées,

> « d'une fraîcheur parfaite, elle était fort jolie et je crois que seulement elle n'était pas assez grande. Elle avait une noblesse et une sérénité parfaite dans les traits ; très vive... et enfin lisant souvent dans l'original la *Divine Comédie*... »[8]

La mère est reliée de toutes les façons à l'Italie et la description de cette créature « morte dans la fleur de la jeunesse et de la beauté »[9] n'est pas sans faire songer en effet aux madones du Corrège, le peintre favori, le maître des nocturnes. Il suffit de regarder l'*Antiope* du Louvre ou la *Danaé*. On comprend qu'il y ait retrouvé l'incarnation de cette fraîcheur, de cette vivacité fort peu religieuse, de ces charmes qu'il aimait avec fureur et qui devaient être parfois assez peu dissimulés, à en juger par l'épisode du matelas :

> « Elle ne peut pas s'offenser de la liberté que je prends avec elle en révélant que je l'aimais ; si je la retrouve jamais je le lui dirais encore. D'ailleurs elle n'a participé en rien à cet amour... Quant à moi j'étais aussi *criminel* que possible, j'aimais ses charmes avec fureur.
> Un soir, comme par quelque hasard on m'avait mis coucher dans sa chambre par terre, sur un matelas, cette femme

---

5. H. Martineau, *Le Cœur de Stendhal*, p. 40.
6, 7, 8, 9. *La Vie de Henri Brulard*, p. 26.

vive et légère comme une biche sauta par-dessus mon matelas pour atteindre plus vite à son lit. »[10]

Silhouette corrégienne en mouvement dans le clair-obscur d'une chambre, silhouette faite pour le peintre italien qui, avec Raphaël et le Titien, a rendu à la perfection la nudité féminine (cf. l'*Histoire de la peinture en Italie*) perfection au demeurant particulière, plus provocante par sa manière lustrée, veloutée et miroitante, que celle du Romain ou du Vénitien, et dont Berenson dit à juste titre :

> « J'ai été amené à conclure que, parmi ces tableaux, c'était seulement dans ceux qui ont pour sujet la nudité féminine et où cette nudité peut être traitée de manière à faire tressaillir à la surface et à amener à la peau toute la séduction de la féminité, que ses défauts... s'évanouissent entièrement pour ne plus laisser percevoir qu'un lyrisme, un chant, une mélodie inouïe dont personne n'a fait entendre de plus délicieuse. [11]

La lointaine image infantile s'est confondue avec les créatures angéliques du peintre parmesan. Elle préparait les héroïnes du type de Clélia. Car elle est, aussi peu que possible, l'incarnation de la maternité traditionnelle et des fonctions qui s'y rattachent. On comprend aussi le glissement du rôle maternel de la Sanseverina vers Clélia. Sur le stéréotype, comme nous le remarquions dans la première partie, plane une ambiguïté : la mère a disparu, plus exactement le maternage a soudain fait défaut, mais sur ce manque, l'imagination ne peut placer en substitut que la vision trouble et étonnante de la figure « dans la fleur de la jeunesse et de la beauté, aux charmes dévoilés par les jeux sensuels de l'enfance ». Et autre conséquence capitale, la mère a d'une certaine manière fait basculer cette féminité dans la mort, et mort bien entendu incompréhensible. « Je ne comprenais pas la mort »[12]. Cette féminité va être ainsi frappée d'un interdit subtil : sous le masque juvénile une inquiétante menace se dissimule. Le complexe corrégien, pourrait-on dire, enveloppe les multiples inhibitions de Beyle, ses échecs amoureux futurs, comme l'impuissance à aimer manifestée par les héros stendhaliens du type d'Octave et de Fabrice dans une certaine mesure, comme la représentation stendhalienne du bonheur parfait qui resurgira dans les fictions. Aimer, être aimé revient à pénétrer de nouveau dans une chambre close ou à

---

10. *La Vie de Henri Brulard*, p. 27. En romain dans le texte.
11. Bernard Berenson, *Les peintres italiens de la Renaissance*, p. 202.
12. *La Vie de Henri Brulard*, p. 27.

épier de nuit la lueur qui en filtre, dans l'attente du signal qui autorisera à prendre l'échelle pour monter à la fenêtre : « Entre ici, ami de mon cœur » murmurait la voix de Clélia derrière les persiennes, mais c'est aussi entrer dans une pièce fermée à jamais.

Cette clôture sans remède est formulée avec netteté dans *Henri Brulard*, avec ses conséquences fatales :

> « Sa chambre est restée fermée dix ans après sa mort. Mon père me permit avec difficulté d'y placer un tableau de toile cirée et d'y étudier les mathématiques en 1798... moi seul j'en avais la clé. Ce sentiment de mon père lui fait beaucoup d'honneur à mes yeux maintenant que j'y réfléchis. »[13]

Il faudra revenir sur cette dernière remarque. On notera en attendant, la formation, autour de la situation amoureuse modèle, d'une angoisse définitive, irrépressible. Une courte nouvelle inachevée la mettra parfaitement en valeur : *le Chevalier de Saint Ismier*. Un jeune officier poursuivi par des sbires se réfugie à la fin dans une demeure inconnue et bizarre. De corniches en balcons, il arrive à pénétrer dans une chambre vide, mais il ne peut plus en sortir. Il est pris au piège... Et dans les pages si riches de *la Vie de Henri Brulard*, le phantasme qui commande cette inhibition-désir est décrit. Il s'agit de l'unique confidence que Beyle fera sur ses rêves, livrée d'ailleurs comme par mégarde et sans qu'il en relève la portée. Peu avant le récit de la mort d'Henriette, et sur un tout autre sujet, il nous apprend que :

> « Pour un rien, par exemple une porte à demi ouverte, la nuit, je me figurais deux hommes armés, m'attendant pour m'empêcher d'arriver à une fenêtre donnant sur une galerie où je voyais ma maîtresse. »[14]

et le dénouement du phantasme exprime bien le sens latent :

> « Mais au bout de peu de secondes (quatre ou cinq tout au plus) le sacrifice de ma vie était fait, et je me précipitais comme un héros au-devant de deux ennemis *qui se changeaient en une porte à demi fermée.* »[15]

Ce phantasme, nous le retrouverons dans *le Rouge et le Noir* lorsque Julien monte chez Mathilde et ne cesse de redouter la présence des hommes armés :

---

13. *La Vie de Henri Brulard*, p. 29.
14. *La Vie de Henri Brulard*, p. 20.
15. *La Vie de Henri Brulard*, p. 20. En romain dans le texte.

« Beau moment pour me tuer, pensa-t-il, si quelqu'un est caché dans la chambre... Il crut être saisi par un ennemi et se retourna vivement en tirant un poignard... Il pensa bien à regarder sous le lit... Il parlait fort distinctement en entrant dans ces détails, et de façon à être entendu des personnes qui pouvaient être cachées dans deux grandes armoires d'acajou qu'il n'avait pas osé visiter. »[16]

La hantise est permanente, elle accompagnera Beyle sa vie durant : « Il n'y a pas deux mois qu'une chose de ce genre, au moral toutefois, m'est encore arrivée » ajoute-t-il dans *la Vie de Henri Brulard*.

On songe à la mort et au père, on songe à la hantise plus enfouie de la lumière qui tue lorsqu'elle se projette sur une scène réservée à la nuit, rencontrée dans *la Chartreuse de Parme*, on songe qu'il n'est pas indifférent que la catastrophe infantile se soit déroulée en entier de nuit. Il apprend le décès, rappelons-le, à deux heures du matin. Il doit, au point du jour, aller embrasser son père dans la ruelle d'un lit dont les rideaux sont fermés. Après l'intervention de Chérubin dans les embrassements de la mère et du fils, cette scène achève de fixer leurs rapports futurs. La maladresse des domestiques et de la famille, ce réveil en pleine nuit pour l'annonce, vont renforcer la rivalité, bien plus vont contribuer à rendre le père responsable de cette mort aux yeux de l'enfant :

« Il faut aller embrasser ton père.
— Comment, ma petite maman est morte ! mais comment est-ce que je ne la reverrais plus ?
— Veux-tu bien te taire, ton père t'entend, il est là dans le lit de la grand'tante.
J'allais avec répugnance dans la ruelle de ce lit qui était obscur parce que les rideaux étaient fermés. J'avais de l'éloignement pour mon père et de la répugnance à l'embrasser. »[17]

Le motif de l'obscurité enveloppe toujours le couple[17]. Bien plus une réflexion ultérieure sur les causes du décès va se greffer sur le choc affectif et renforcer la conviction : « Elle était morte en couche, *apparemment* par la maladresse d'un chirurgien nommé Hérault, sot choisi *apparemment* par pique contre un autre accoucheur, homme d'esprit et de talent. »[18]

Dans l'Autobiographie de 1833, elle meurt en outre en prononçant le nom de l'enfant. Il se trouve donc au centre de

---

16. *Le Rouge et le Noir*, p. 394-95.
17, 18. *La Vie de Henri Brulard*, p. 31 et 29. En romain dans le texte.

l'événement. Dans la citation précédente, le redoublement de l'adverbe que j'ai souligné, l'allusion à la *pique*, nous permettent de deviner qui, en réalité, dans son esprit est coupable. Quel autre que Chérubin Beyle aurait pu se piquer et faire le choix néfaste ? Tout conspire donc à affirmer la relation archaïque qui va dominer la vie sentimentale de Beyle et structurer dans le sens que l'on sait l'imagination de Stendhal. Non seulement le père a été le rival, mais le soupçon du meurtre involontaire va planer sur lui. La mort est dans la chambre-piège et il faut sans doute voir là la source du phantasme des hommes armés.

La circonstance donne à réfléchir car elle modifie les données primitives. Sur une scène préœdipienne amémorielle : lumière qui fait honte, associée sans doute au péril buccal, sur le noyau infantile de l'Œdipe se greffe le malheur qui cristallise les impulsions meurtrières et leur charge d'angoisse. On peut se demander, pour que les effets de la situation œdipienne se prolongent au point que Beyle puisse écrire un peu plus loin : « Tel j'étais à dix ans que je suis à cinquante-deux », s'il n'a pas fallu le poids supplémentaire de ce hasard : la mort en couche, et des œuvres du père, et par la maladresse supposée de celui-ci, sans parler de cette nuit inoubliable. Ce n'est pas tout !

Chérubin semble jouer de malchance à l'égard de ce fils. Désormais l'enfant va grandir entouré seulement d'hommes et de prêtres, à l'exception, on s'en souvient, de la sœur de sa mère, Séraphie. Or cette tante Séraphie va prendre la place d'Henriette :

> « Je suppose que dans la suite mon père fut amoureux d'elle, du moins il y avait de longues promenades aux Granges, dans un marais sous les murs de la ville, où j'étais le seul tiers incommode et où je m'ennuyais fort. Je me cachais au moment de partir pour ces promenades. Là fit naufrage la très petite amitié que j'avais pour mon père. »[19]

et il ajoute dans un autre chapitre :

> « Séraphie, assez jolie, faisait l'amour avec mon père (italianisme à ôter) et haïssait passionnément en moi l'être qui venait mettre un obstacle moral ou léger à leur mariage. »[20]

---

19. *La Vie de Henri Brulard*, p. 23, et aussi p. 74.
20. *La Vie de Henri Brulard*, p. 101.

Il se cachait : il était donc conscient d'être une sorte d'alibi dans ces promenades. En même temps un sentiment subsistait, cette très petite amitié. Elle disparaît seulement lorsque le rival et criminel supposé devient par-dessus le marché infidèle à la morte et donne à l'enfant une sorte de marâtre illégitime. Il y a là comme un redoublement bizarre de la fatalité. La paternité naturelle, directe, est donc à rejetter. Il faudra inventer des pseudonymes, des héros de romans qui se cherchent une bâtardise. En outre, devant les effets profondément néfastes de la sensualité chez les adultes, il faudra transposer leurs images, déplacer le lien affectif et le faire dériver sur ceux que l'âge met à l'abri de ces troubles et de leurs choix aberrants : « Je passais ma vie chez mon grand-père. »[21]

Comme Proust, mais de manière moins rusée, Beyle procède au remaniement de sa généalogie. De même que les héros des romans auront une ascendance cachée ou presque légendaire, il faudra que le lien du sang, venu comme il se doit d'Italie, passe en ligne directe du fils au grand-père Gagnon, le bien aimé, par le biais de sa sœur Elisabeth : une parenté avunculaire, à la manière des primitifs ! et cette ascendance purement maternelle continuera de le hanter dans certaines de ses amours.

Néanmoins cette première défense est insuffisante. Elle ne réussit pas à exorciser l'image haïe du père ni à effacer les traces de la catastrophe qui marque ses sept ans. Déjà les deux composantes majeures, et antithétiques, du subconscient sont en place : le culte claustrophilique de l'ombre perdue et la haine tenace envers Chérubin, infidèle et meurtrier.

Avant de quitter cette région de la première enfance, il faut encore relever au passage un certain nombre d'indices, par malheur vagues et rares, sur les réactions primitives de Beyle à l'égard de ses proches : aucun renseignement sur Henriette, si ce n'est son goût pour Dante et sa prestesse à sauter par-dessus les matelas. Il est probable qu'en se prêtant au jeu des baisers, elle a favorisé, j'imagine en toute innocence, le renforcement de l'Œdipe : « Elle m'aimait à la passion » déclare Beyle.

A travers ses confidences, vous pressentez souvent l'existence d'une sexualité demeurée au stade infantile, ainsi qu'une relation entre cette sexualité et la pulsion de mort. Nous en avons touché un mot à propos du *Rouge,* mais il reste très

---

21. *La Vie de Henri Brulard,* p. 29.

difficile de distinguer ici entre les traits qui se rattachent au stade précœdipien et ceux qui relèvent d'accidents ultérieurs. Il est pourtant possible de constater l'établissement d'un lien étroit entre la libido narcissique et la fonction sexuelle.

Dans *Henri Brulard* le souvenir le plus lointain est la morsure infligée à une cousine, Madame Pison du Galland, à la joue et au front. Un peu plus tard, l'enfant laisse tomber par la fenêtre un couteau de cuisine qui manque d'atteindre une dame de la ville :

> « Ma tante Séraphie dit que j'avais voulu tuer Madame Chevenaz ; je fus déclaré pourvu d'un caractère atroce... Je me révoltai, je pouvais avoir quatre ans. »[22]

Il piquera aussi un mulet avec une branche taillée en pointe et l'animal se vengera par une prompte ruade.

Entre toutes ces marques d'agressivité, la première reste la plus intéressante car elle concerne l'organe de la succion que nous avons déjà rencontré, associé dans *la Chartreuse de Parme* au péril de mort. Or, un souvenir de même nature, dont la date reste imprécise, surgit à quelques pages de distance :

> « Le second événement tragique fut qu'entre ma mère et mon grand-père (entre les deux divinités) je me cassai deux dents de devant en tombant sur le coin d'une chaise »[23]

et une analogie de situation apparaît, non pas avec celle de la morsure, mais avec une autre réminiscence de la même époque, sans doute faussement datée :

> « Ma mère m'ayant fait porter dans sa chambre (verte) le jour où j'avais un an, 23 janvier 1784, me tenait debout près de la fenêtre ; mon grand-père placé vers le lit m'appelait ; je me déterminai à marcher et arrivai jusqu'à lui »[24]

A cet âge, la marche ne peut être que chancelante et guettée par la chute. Je me demande si les deux images ne constituent pas un amalgame ou les fragments d'une seule, d'autant plus qu'une datation aussi précise est impossible. On sait combien les souvenirs véritables sont rares au deçà de la troisième année. J'inclinerais pour une confusion entre une image protohisto-

---

22. *La Vie de Henri Brulard*, p. 21 et 22 (faux premier souvenir en réalité).
23. *La Vie de Henri Brulard*, p. 44.
24. *La Vie de Henri Brulard*, p. 42.

rique et un faux souvenir d'enfance. Beyle lui-même précise avec clairvoyance :

> « Je me figure l'événement, mais probablement ce n'est pas un souvenir direct. Ce n'est que le souvenir de l'image que je me formai de la chose fort anciennement et à l'époque des premiers récits qu'on m'en fit. »[25]

En tout cas, la datation à posteriori, l'inscription voulue dans l'histoire primitive du sujet recouvre la réalité d'une scène vécue. L'ensemble gravite autour de la période œdipienne, plongée dans la nuit, et la blessure buccale paraît entretenir une correspondance avec l'agression contre sa cousine. (Le privilège donné à la couleur verte est aussi à retenir). En outre, que l'accident soit survenu à proximité de la mère, entre celle-ci et l'incarnation de la paternité idéale, revêt une grande importance car il intéresse l'organe de l'allaitement et la crise du sevrage à laquelle Freud rattache la formation du complexe.

L'empreinte laissée par cette mésaventure labiale se manifeste par la persistance du thème. Dans une page du *Journal* Beyle observe les lèvres de Louason (Mélanie Guilbert, l'actrice) et il note en précisant sa description par un croquis :

> « Pendant ce temps (elle vient de sourire) sa lèvre supérieure changeait entièrement de forme, elle perdait la *tendresse angélique* pour prendre l'enjouement d'une catin, mais d'une âme tendre catin... Sa lèvre est ordinairement presque aussi droite que la mienne, elle est devenue presque aussi cambrée que celle de Mante, voilà mon idée, la première position, l'habituelle, la seconde celle de la volupté de catin. »[26]

Dans les fictions la bouche reçoit la nourriture spéciale de l'aimée ou le poison. Les religieuses coupables des *Chroniques Italiennes* boivent la ciguë (*Le couvent de Baiano*).

Dans *Vanina Vanini*, le carbonaro blessé soigné clandestinement « souvent se trouvait la bouche pleine de sang »[27]. Résurgence encore plus précise, on s'en souvient, dans *la Chartreuse de Parme* où Fabrice, après le duel avec Giletti, regarde si ses dents ne sont pas cassées. Enfin le thème réapparaît dans *Lamiel*. Lorsque le docteur Sansfin entend persuader la Duchesse que sa protégée est malade, il prescrit à celle-ci d'user d'un étrange et cruel subterfuge :

---

25. *La Vie de Henri Brulard*, p. 44.
26. *Journal*, 25 février 1805, p. 620.
27. *Vanina Vanini*, p. 50.

« Tous les huit jours, je vous apporterai... un oiseau vivant ; je lui couperai la tête. Vous verserez le sang sur une petite éponge que vous placerez dans votre bouche.»[28]

Cette bouche est aussi l'organe de la diction et du chant. Beyle se plaira à déclamer en compagnie de ses amis comédiens. Il admirera les cantatrices, il admirera le bel canto. La voix est encore le biais par lequel on communique avec celle qui reste invisible.

Ainsi la phase narcissique préœdipienne a sans doute été valorisée d'une manière excessive par cette atteinte à l'organe essentiel du plaisir infantile. La morsure, désormais associée à la sexualité, est revanche et marque du désir, moyen d'excitation. Là encore, le milieu est venu renforcer la pulsion. Non seulement il y a l'accident, mais l'intervention de l'entourage transforme l'acte de l'enfant en exploit, plutôt en attentat monstrueux, donc glorieux :

« On m'en fit un crime et sans cesse on m'en parlait... Ma tante Séraphie (la secrète marâtre) déclara que j'étais un monstre et que j'avais un caractère atroce. »

De même pour l'épisode du couteau : « Ma tante Séraphie dit que j'avais voulu tuer Mme Chevenaz »[29].

Il n'a guère que quatre ans et le voici déjà retranché du commun des mortels par cette agréable noirceur, comme il le sera un peu plus tard après la mort de sa mère, temps qui verra l'irruption des prêtres dans sa vie, nouvelle occasion de manifester une réaction d'opposition forcenée. Il est seul contre tous, il fait face à la conspiration du meurtrier, de la marâtre, de leurs sbires en soutane, acharnés à forcer le refuge d'un moi déjà forteresse. Le sentiment de la valeur unique, prééminente de l'individualité va s'en trouver affermi à jamais, de même que la nécessité d'une protection contre les regards indiscrets, qui est aussi défense de l'organe vulnérable. Tout conspire ici. Le narcissisme prend appui sur l'épopée infantile de celui-là, auteur de tant de forfaits détaillés à plaisir, couronnés par l'épisode du billet Gardon : Il contrefait l'écriture de son grand-père pour se faire enrôler dans les bataillons de l'Espérance instaurés par le gouvernement révolutionnaire. La provocation est dirigée contre celui qu'il aime plus que tous ; mais le grand-

28. *Lamiel*, p. 246.
29. *La Vie de Henri Brulard*, p. 21 et 22.

père Gagnon n'est-il pas aussi celui qu'il n'était pas dans l'ordre d'aimer plus que tous ? Il représente une faiblesse, le défaut de la cuirasse. Il est un substitut du père dont il nous faut parler maintenant.

CHÉRUBIN

Nous disposons sur lui d'une information beaucoup plus riche. Beyle s'est étendu longuement sur sa haine et le thème est d'une importance égale sinon supérieure à celui de son adoration pour sa mère disparue. La constellation parentale, en dépit de certaines apparences, conserve une unité profonde. *La Chartreuse de Parme*, on l'a vu, est dominée par l'obsession d'une paternité aimable. *Le Rouge et le Noir* s'ouvre et se ferme sur l'évocation du père Sorel détesté et qui déteste son fils, bien qu'un mot de Julien dans sa prison soit :

> « Ce matin-là, il éprouvait vivement le remords de ne pas aimer son père. Le hasard nous a placés l'un près de l'autre sur la terre... et nous nous sommes fait à peu près tout le mal possible. Il vient au moment de ma mort me donner le dernier coup. »[1]

La correspondance entre l'existence et la fiction est rigoureuse. Madame Daru et Chérubin sont les personnages principaux du *Journal*. Dans la citation précédente, le mot « remords » attire aussitôt l'attention. La haine contre le meurtrier, contre l'amant supposé de la terrible Séraphie, contre *the bastard* serait-elle vraiment sans mélange ? N'aurait-elle pas subi une évolution ? *La Chartreuse de Parme* nous l'a montré : vous ne vous débarrassez pas aisément et impunément de cette composante majeure du Sur-moi. La réalité semble le vérifier.

La lecture de *la Vie de Henri Brulard* montre toutefois en premier lieu la persistance tenace de la situation œdipienne positive, renforcée par les circonstances que l'on sait. Nul mystère : après les déclarations suscitées par la mort d'Henriette, Beyle consacre à son père tout un chapitre de son autobiographie et commence à lui prêter en retour l'hostilité qu'il éprouve à son égard : après un portrait peu flatteur, il déclare :

---

1. *Le Rouge et le Noir*, p. 465.

> « Il ne m'aimait pas comme individu mais comme fils devant continuer sa famille.
>
> Il aurait été bien difficile qu'il m'aimât : il voyait clairement que je ne l'aimais point, jamais je ne lui parlais sans nécessité... Je le voyais fort peu. »[2]

Et un peu plus loin :

> « Cette haine de mon père pour moi et de moi pour lui était chose tellement convenue dans ma tête que ma mémoire n'a pas daigné garder souvenir du rôle qu'il a du jouer dans la terrible affaire du billet *Gardon*. »[3]

Car, s'il faut l'en croire, cet être et son acolyte femelle le persécutent. Il se prendrait volontiers pour un enfant martyr.

> « Jamais peut-être le hasard n'a rassemblé deux êtres plus foncièrement antipathiques que mon père et moi. De là l'absence de tout plaisir dans mon enfance de 1790 à 1799. Cet âge, que la voix de tous dit être celle des vrais plaisirs de la vie, grâce à mon père n'a été pour moi qu'une suite de douleurs amères et de dégoûts. Deux diables étaient déchaînés contre ma pauvre enfance, ma tante Séraphie et mon père qui, dès 1791, devint son esclave. »[4]

Or, de cette époque sombre, lui chez qui les émotions infantiles se gravent à jamais, il prétend curieusement ne garder aucun souvenir :

> « Je n'ai presque aucun souvenir de la triste époque 1790-1795 pendant laquelle j'ai été un pauvre petit bambin persécuté, toujours grondé à tout propos. »[5]

Nous verrons plus loin s'il faut lui faire entièrement confiance, s'il fut le souffre-douleur qu'il clame avoir été. En attendant, Chérubin peut en effet distinguer avec évidence l'hostilité de son fils. La continuation des exploits du monstre ne sont qu'une suite d'attentats simulés ou réels contre l'existence de celui qu'il appelle aussi l'*homme*. La condamnation à mort de Louis XVI est visiblement assimilée à celle de Chérubin. L'exécution du Roi éveille chez Henri « un des plus vifs mouvements de joie qu'il ait éprouvé en (sa) vie. »[6]

Le faux fabriqué pour être enrôlé dans le bataillon de l'Espérance cherche dans son esprit à compromettre autant le

---

2. *La Vie de Henri Brulard*, p. 61.
3. *La Vie de Henri Brulard*, p. 109.
4, 5. *La Vie de Henri Brulard*, p. 62.
6. *La Vie de Henri Brulard*, p. 94.

père que le grand-père. Par la suite, il accusera Chérubin du meurtre de sa grive apprivoisée. L'obsession se traduira encore par l'inscription sur le bois de la table où il travaille des noms de tous les assassins de princes :

> « Poltrot, Duc de Guise... Peut-être avais-je été conduit à faire ma liste d'assassins par l'action de Charlotte Corday dont j'étais fou. »[7]

Enfin, lors de son départ pour Paris, sa réaction aux larmes de son père est celle-ci :

> « La seule impression que me firent ses larmes fut de le trouver bien laid. »[8]

Cette réaction est à rapprocher d'une confidence enchanteresse reçue auparavant : que sa mère n'aurait pas été amoureuse de son père :

> « En me parlant de ma mère, un jour, il échappa à ma tante de dire qu'elle n'avait point eu d'inclination pour mon père. Ce mot fut pour moi d'une portée immense. J'étais encore, au fond de l'âme, jaloux de mon père. J'allai raconter ce mot à Marion qui me combla d'aise en me disant qu'à l'époque du mariage de ma mère, vers 1780, elle avait dit un jour à mon père qui lui faisait la cour : « Laissez-moi, vilain laid ! »[9]

C'est la même expression dont il se servira, à son départ, comme par identification à la fiancée, et, grief supplémentaire, il a hérité de cette laideur.

En somme, il y a de l'impardonnable. Si Beyle lui-même juge avec sévérité son attitude en la circonstance, c'est pour rappeler aussitôt la nature de sa plaie. Il commente ainsi sa réaction aux larmes paternelles :

> « Si le lecteur me prend en horreur qu'il daigne se souvenir des centaines de promenades forcées aux Granges avec ma tante Séraphie. »[10]

Impardonnable en effet cette infidélité à la morte, à qui il continue de vouer un culte attentif : travail solitaire dans la chambre funéraire, imitation des passe-temps favoris tel le dessin pour lequel Henriette aurait eu un « rare talent ».

---

7. *La Vie de Henri Brulard*, p. 177.
8. *La Vie de Henri Brulard*, p. 310.
9. *La Vie de Henri Brulard*, p. 110.
10. *La Vie de Henri Brulard*, p. 310.

Cependant l'examen du texte suscite certaines réserves. Cette haine ne semble pas avoir été si implacable, ni si constante. Chérubin, d'autre part, ne méritait certainement pas une telle exécration. En réalité Beyle paraît s'être efforcé de rationaliser à tout prix son antipathie sans pouvoir se dissimuler toujours ce qu'elle avait d'injuste. Il s'interroge :

> « Je ne haïssais plus Séraphie, je l'oubliais. Quant à mon père, je ne désirais qu'une chose : ne pas me trouver auprès de lui. J'observai avec remords que je n'avais pas pour lui une goutte de tendresse ni d'affection. Je suis donc un monstre me disais-je, et pendant de longues années je n'ai pas trouvé de réponse à cette objection. »[11]

Il a noté, on s'en souvient, la délicatesse dont Chérubin a fait preuve en lui confiant la clef de la chambre d'Henriette. Le portait qu'il trace de l'*homme* n'est pas sans nuances. Bien qu'il soit incapable — et l'oubli est révélateur — de se souvenir de sa date de naissance, pourtant facile à vérifier, il lui reconnaît de la finesse et une certaine culture :

> « Il possédait l'Encyclopédie et avait l'intelligence de *la Nouvelle Héloïse* et des autres ouvrages de Rousseau dont il me parlait avec adoration tout en le maudissant comme impie. »[12]

Cette inclination était partagée. Il revient encore, un peu plus loin, sur les qualités :

> « A sa passion pour Bourdaloue et Massillon avait succédé la passion de l'agriculture... Je concluerais assez volontiers de tout cela qu'il avait du talent. »[13]

A propos de la scène « Caroline-Zénaïde, rapporteuse » il reconnaît, après avoir relevé la bizarre exclamation de Chérubin en fureur : « Indigne enfant, je te mangerais » (jalousie rétrospective à l'égard du rival ?), que son père ne l'a jamais frappé ou « tout au plus deux ou trois fois »[14].

On ne peut s'empêcher de penser que Chérubin Beyle avait beaucoup de patience.

En réalité, le malheur infantile paraît avoir été fortement enjolivé et sans relation directe avec l'animosité dont il prétend

---

11. *La Vie de Henri Brulard*, p. 217.
12. *La Vie de Henri Brulard*, p. 61.
13. *La Vie de Henri Brulard*, p. 76.
14. *La Vie de Henri Brulard*, p. 103-104.

avoir été victime. La tyrannie de l'abbé Raillane mise à part
— tyrannie surtout éducative et liée à la pédagogie de l'époque —
et bien entendu la privation de sa mère, il a souffert surtout
objectivement, de l'ennui de la province, de sa bourgeoisie étouf-
fante, il a souffert de se trouver sans cesse et uniquement en
contact avec des personnes âgées. Il fut comme il le dit :

> « Elevé sous une cloche de verre par des parents dont le
> désespoir rendait encore l'esprit plus étroit. »[15]

Cela n'est pas rien, mais insuffisant pour justifier ces plaintes, cela démontre que la source de sa détresse est ailleurs.

D'autre part, la manière dont il se tire des mauvais pas,
dont il tient tête à tous, en particulier l'insolence dont il fait
montre à l'égard de son père, la manière dont il rembarre le
bossu Tourte à propos du *billet Gardon*, tout cela prouve qu'il
jouit d'une certaine considération au sein de la famille, qu'il
a de puissantes protections. En réalité, comme nous le pressentions, il en est le centre. A sa manière, il règne. Il est peu de
caprices auxquels on ne cède, peu de sacrifices auxquels on se
refuse pour assurer son avenir. Il est bien difficile décidément
d'accepter la version du *pauvre petit bambin persécuté*. Il y a
un abîme entre ses malheurs réels et ceux par exemple d'un
Balzac, tels que celui-ci nous les décrits dans *Louis Lambert*
et dans certaines lettres à Madame Hanska :

> « Je n'ai jamais eu de mère ; aujourd'hui « l'ennemi » s'est
> déclaré... Aussitôt que j'ai été mis au monde, j'ai été envoyé
> en nourrice chez un gendarme et j'y suis resté jusqu'à quatre
> ans. De 4 à 6 ans, j'étais en demi-pension et à 6 ans 1/2 j'ai été
> envoyé à Vendôme. J'y suis resté jusqu'à quatorze ans, en
> 1813 n'ayant vu que 2 fois ma mère. »[16]

Enfin le mot *sacrifice* que je viens d'employer attire l'attention sur un autre aspect de ses relations avec son père.

Il veut s'évader de son milieu, quitter Grenoble, mais il
ne fait à peu près rien pour se donner les moyens matériels
de cet affranchissement. Bien plus, lui qui affecte de mépriser
ces côtés vulgaires de l'existence, il nous avoue qu'il fut un perpétuel demandeur d'argent. Le *Journal*, la *Correspondance* révèlent une incessante mendicité, à tel point que je me demande
si la question d'argent n'est pas un prétexte, ne constitue pas

---

15. *La Vie de Henri Brulard*, p. 296.
16. Balzac, *Correspondance avec Madame Hanska*, 2 janvier 1846.

le moyen de demeurer inconsciemment sous la dépendance de son père, de maintenir ainsi un motif actuel de haine, qui apparaît dans cette perspective comme une forme négative d'attachement à un être appelé, dans les lettres à Pauline, *Papa* ou *mon papa*. Une note du *Journal littéraire* fait allusion au bonheur de ses *bons parents* s'il vient à bout de sa comédie[17]. Ce père, il désirerait même parfois qu'il se montrât autoritaire. Au sujet de son refus d'entrer à l'école Polytechnique, il écrit :

> « Si mon père avait pris quelque soin, il m'eut forcé à cet examen, je serais entré à Polytechnique... Je ne conçois pas comment mon père ne me força pas à me faire examiner. »[18]

et sur le thème de la libération, on relève encore une conduite singulière.

Ce Grenoble qu'il prétend exécrer, qu'il brûle de quitter, lui tiendra longtemps à cœur. Dès qu'il se trouve à Paris, il se déplaît, il tombe malade, et d'une maladie qui paraît être une réaction dépressive :

> « Le premier aspect de Paris me déplaisait souverainement. Ce déplaisir profond, ce désenchantement réunis à un estimable médecin me rendirent, ce me semble, assez malade. Je ne pouvais plus manger... J'eus, je pense du délire, et je fus bien trois semaines ou un mois au lit. »[19]

et, par la suite, il va se montrer en effet un perpétuel quémandeur dont les justifications sont assez suspectes. On pourrait citer à l'infini les lettres à sa sœur Pauline où il la prie de servir d'intermédiaire pour négocier une demande supplémentaire de fonds. Chérubin se fait parfois prier, il fait parfois attendre, mais le plus souvent il envoie la somme réclamée. Ainsi : « J'écris aujourd'hui à mon papa pour le remercier des deux cent quatre francs qu'il m'envoie »[20], ou encore :

> « A propos de bonheur, j'aurai celui de te voir quand mon père m'aura envoyé de l'argent pour payer mes dettes car l'abondance où il me tient commence à m'effrayer : je crains qu'il ne se dérange pour moi, et c'est à moi de mettre des bornes à ses bontés puisqu'il n'en connait point lui-même. Réellement ses bontés sont sans bornes. »[21]

---

17. *Journal littéraire*, I, p. 124, février 1803.
18. *La Vie de Henri Brulard*, p. 315.
19. *La Vie de Henri Brulard*, p. 323-24.
20. *Correspondance*, à Pauline, 10 juin 1804, p. 100.
21. *Correspondance*, à Pauline, 15 avril 1805, p. 189.

En réalité, nanti d'une mensualité raisonnable pour l'époque, il dépense comme s'il n'avait pour but que de redemander, il dépense tant pour des coquetteries de dandy (on pense à Baudelaire) que pour payer ses innombrables précepteurs : un trait parfaitement infantile. Il lui faut des maîtres : leçons de diction, de violon, de clarinette, d'escrime, d'italien, d'anglais, de grec, de danse, etc. En outre, il surveille de très près l'état de fortune paternel. Il prie Pauline de lui donner « mille détails sur les affaires de mon papa »[22].

Pour s'établir à Marseille, il exige une somme énorme. L'ironie, dans le *Journal*, se change en dramatisation. Il note, le premier janvier 1805 :

> « Ma position est donc la meilleure possible avec un père barbare qui laisse miner la machine par une fièvre quotidienne que quelques fonds guériraient. »[23]

Le lendemain, son père est en train de le faire mourir :

> « Un père doit, en justice rigoureuse, la nourriture, le vêt et besoins naturels à ses enfants. Mais tout homme doit tenir ses promesses, or mon père m'a promis mille écus. Si mon père m'eût mis comme Jean-Jacques aux enfants, en supposant toutes les chances du hasard contre moi, *il est impossible que je fusse plus malheureux que je ne le suis actuellement.* »[24]

Et, quelques jours plus tard, le voici au dernier degré du dénuement. Il est, prétend-il, miné par la fièvre lente et au terme de l'énumération de ses maux divers : « Qu'on vienne me dire que mon père n'abrège pas ma vie ! »[25], le lecteur est un peu surpris d'apprendre que ce miséreux, sans bois, ni vêtements, ni chaussures jouit d'une pension de 3 000 francs réduite ensuite à 2 400 francs, ce qui pour l'époque représente un pouvoir d'achat très honorable. Cependant ce père, qu'il accuse maintenant, non seulement de lui avoir fait manquer son entrée à Polytechnique, mais de l'avoir incité à quitter l'armée, n'a eu que « la conduite d'un malhonnête homme et d'un exécrable père, en un mot d'un vilain scélérat »[25 bis] ; ce qu'il se propose de prouver devant un jury composé des six plus grands hommes existants !

---

22. *Correspondance*, à Pauline, 1er octobre 1805, p. 233.
23. *Journal*, 1804, p. 548.
24. *Journal*, 1804, p. 549.
25. *Journal*, 18 janvier 1805, p. 568.
25 bis. *Journal*, 18 janvier 1805, p. 569.

> « Si Franklin existait, je le nommerais. Je désigne pour
> mes trois Georges Gros, Tracy et Chateaubriand pour apprécier
> le malheur moral dans l'âme d'un poète. »[26]

Il va, un peu plus tard, rougir de ce délire, mais il persé-
vèrera. Le rejet de la paternité dans les romans, les pseudonymes, les fausses généalogies correspondent bien dans la réalité
à la nécessité de maintenir le lien ou plutôt à l'impossibilité
secrète de le rompre. Il est significatif de constater, en particulier
dans *la Chartreuse de Parme,* que les diverses tentatives de libération échouent. Le scélérat, *the bastard,* qui verra, entre 1810
et 1814, son sobriquet se franciser pour devenir *le bâtard,* devrait
au fond jouer le rôle traditionnel de Père, qu'en fait il joue,
mais sans que pour cela la haine désarme, curieuse haine qui
toujours n'entend perdre aucun des bénéfices de l'amour, comme
si elle n'était que son visage inversé.

Il semble n'avoir écrit qu'une seule fois directement à Chérubin et, coïncidence curieuse, celui-ci ne reçut jamais cette
lettre, perdue lors de la retraite de Russie et tombée avec d'autres en possession des armées russes. De Smolensk, il adjure
son père de conclure une affaire (?) afin que le fils « retire quelque fruit » de la fatigue extrême où il est plongé depuis son départ de Moscou[27]. Il signe *Chomette.* Enfin il s'intéresse de plus
en plus et de près à son héritage éventuel, s'inquiétera des
entreprises agricoles et d'élevage qui risquent de le frustrer,
allant jusqu'à porter contre Chérubin des accusations qui révol-
tent le grand-père Gagnon :

> « Je trouve dans toutes tes lettres ces vilaines expressions
> d'hypocrisie, d'avarice, de fausseté ; épargne-les à l'avenir car
> je n'y tiens pas. Elles font tort à ton jugement ; plus encore
> à ta sensibilité, et je ne trouve rien dans la conduite de ton
> père qui puisse les autoriser ; et quand je pense à ce qu'il a
> fait pour toi depuis plus de six ans sans aucun fruit, je trouve
> qu'il n'y a pas un père qui y prît patience. »[28]

La dot que Chérubin a fait à la seconde sœur, Zénaïde-
Caroline, soulève son indignation :

> « Comment se justifiera-t-il aux yeux des honnêtes gens en
> ne traitant pas un fils à cheveux blancs comme une de ses fil-
> les ? Ma seule ressource est la maison. »[29]

---

26. *Journal,* p. 569.
27. *Correspondance,* 10 novembre 1812, p. 685.
28. *Correspondance,* lettre de H. Gagnon du 16 février 1806, p. 1200.
29. *Correspondance,* à Pauline, 14 août 1815, p. 807.

Il va jusqu'à songer à engager une action en justice afin que son père paie ses dettes (37 000 francs). Cette peu sympathique rapacité n'a guère de justification rationnelle. Certes, nanti par anticipation de la majeure partie de son héritage, il serait libéré du souci de gagner sa vie et pourrait écrire à sa guise. Toutefois, à l'époque, songe-t-il tellement à écrire ? Et cette liberté encore, il la devrait uniquement à son père... La rivalité auprès d'Henriette a donc dégénéré en duel monétaire dont il serait fastidieux de suivre plus longtemps les péripéties. Il se poursuivra jusqu'à la mort de Chérubin en 1819, apprise à Bologne. La question d'argent domine toujours de loin toute autre émotion, mais pénétrée d'une très forte charge affective. Elle est devenue une passion :

> « Savez-vous qu'en arrivant le 22, j'ai trouvé neuf lettres qui m'annoncent que j'ai perdu mon père le 20 juin. Une de ces lettres contient la copie du testament qui est une espèce de manifeste contre ce pauvre Henri. »[30]

La vieille situation de « bambin persécuté » affleure. Il expose ensuite en détail les biens qui échoient en partage aux enfants, paraît être enfin résigné. Toutefois, revenu à Grenoble, il fait part à Matilde Dembowski de son intention d'engager un procès contre ses sœurs pour réparer l'injustice dont il se croit victime, en dépit de son affection pour Pauline. La haine subit ici une sorte de déplacement. Elle est du côté de Chérubin. Le testament, à ses yeux, est la dernière machine de guerre, la vengeance à retardement du père-rival :

> « Tout ce que la haine la plus profonde, la plus implacable et la mieux calculée peut arranger contre un fils, je l'ai éprouvé de mon père. Tout cela est revêtu de la plus belle hypocrisie... Ce testament est ici un objet de curiosité et d'admiration parmi les gens d'affaires ; je crois cependant avoir trouvé le moyen de parer les coups qu'il me porte. Ce serait un long procès avec mes sœurs, l'une desquelles m'est chère. »[31]

mais il passe sans le moindre souci de contradiction, à quelques lignes d'intervalle, de ses velléités chicanières à la protestation de sa parfaite indifférence et de son « étonnante insensibilité avec laquelle de riche il se voit devenu pauvre »[32]. Il avoue seulement avec ingénuité sa crainte de passer pour avare aux yeux de ses amis milanais !

----

30. *Correspondance*, à de Mareste, 24 juillet 1819, p. 981.
31, 32. *Correspondance*, à Matilde Dembowsky, 15 août 1819, p. 986-987.

Cet historique vérifie ce que nous pressentions : la disproportion flagrante entre cette rancune et ses motifs réels, son irrationnalité profonde qui entraîne des variations bizarres. Vous trouvez dans le *Journal Littéraire* la notation suivante, après le séjour à Grenoble de juin 1803 à mars 1804 :

> « Je n'ai point trouvé ma famille comme je me le figurais de Paris, Pauline seule exceptée. Ils m'aiment, mais ce n'est point de cet amour divin que je m'étais figuré. Comme je disais cela à Mme J... elle me dit qu'elle pensait la même chose, et que beaucoup de personnes lui en avaient dit autant. Toutes les familles ressemblent donc à la mienne. »[33]

« Un amour divin » chez ceux qui lui auraient ménagé l'enfance qu'il nous décrit ? Mais enfin cet amour existe... Est-il satisfait de cette constatation ? S'en trouve-t-il secrètement déçu ? Comment peut-il le concilier avec son ressentiment ? Il semble qu'il y ait là un nœud affectif obscur à lui-même, où entrent en jeu la privation infantile de cet *amour divin*, la croyance également infantile à l'hostilité générale de cette famille, de ce père responsable de cette privation. La haine est bien à la fois résidu de l'Œdipe, conduite de défense et pôle négatif d'un attachement tenace, lié encore à ce besoin d'être aimé, néanmoins mal satisfait, et qui demeure pour l'enfant une nécessité quasi vitale. On rencontre une fois de plus la catastrophe de ses sept ans où, comme il le déclare, allait « commencer sa vie morale »[34], la formation trop précoce d'un *Sur-moi* mutilé qui ne trouvera jamais son équilibre par refus inconscient d'une image paternelle, d'une part dépréciée, de l'autre idéalisée par l'opération substitutive, le report de la tendresse sur le vieillard Gagnon...

En réalité Chérubin Beyle ne méritait pas cet excès, ni dans un sens ni dans l'autre. Sentimental, émotif, animé d'excellentes intentions, il paraît avoir surtout péché par maladresse, par incompréhension de la sensibilité de ce fils difficile qui, par certains côtés, lui ressemblait tant, comme l'a bien vu Rémi de Gourmont[35]. Il a péché aussi par de l'indifférence, rançon de ses marottes d'éleveur de moutons mérinos. Le ton un peu sec, guindé, impersonnel de ses lettres, où il ne parle guère en effet que de moutons, de bergers et d'argent, tranche avec celui

---

33. *Journal littéraire*, tome I, p. 294.
34. *La Vie de Henri Brulard*, p. 27.
35. Rémi de Gourmont : *Promenades littéraires*.

si tendre, si chaleureux d'Henri Gagnon, le grand-père. (On peut lire par exemple celle du 29 mai 1803 ou du 27 janvier 1806). Chérubin donne l'apparence fâcheuse d'une paternité plus vécue sur le plan du devoir que sur celui de l'amour, d'une paternité abstraite. Ce mode d'être, presque neutre, favorisait certainement chez Beyle la survivance de la haine archaïque. Celle-ci se projetait avec d'autant plus d'aisance sur une figure irrémédiablement figée dans le passé, mieux qui permettait par sa froideur de maintenir le passé vivant, de le réactualiser à volonté. On lit dans la pièce de vers intitulée l'*Honneur francais :*

> « Nous allions au bordel chercher la jouissance.
> Le fils à l'œil hardi le premier s'avançait ;
> d'un pas délibéré le père le suivait ; »[36]

Ils sont liés l'un à l'autre, et Chérubin c'est aussi Séraphie... La haine est un mode de perpétuation de l'enfance, un besoin. Y renoncer, c'est-à-dire consentir à admettre cette irrationnalité, parfois fugacement entrevue, serait renoncer à l'une des composantes majeures de la protohistoire. Il y a là une conduite analogue à celle du névrosé qui se refuse à la guérison car celle-ci reviendrait à guérir de soi-même. A plus forte raison l'écrivain Beyle/Stendhal s'y refuse. Le ressentiment nourrit l'imagination du romancier aussi bien que le fantôme de la disparue, incarnation de *l'amour divin.* Bien plus, le passage à l'écriture les rendre complémentaires l'un de l'autre. La relation à l'image paternelle, par son clivage, son dédoublement en paternité-tutélaire (Gagnon et ses multiples répons Chélan, Blanès, etc.) et en paternité-obstacle (père Sorel, Mosca, marquis del Dongo) fournit le plus souvent les moyens de retomber dans les lieux de réclusion paradisiaque. La dualité psychique conflictuelle devient la matrice des structures romanesques.

Il convient maintenant d'étudier le cheminement souterrain de l'autre figure fondamentale, celle qui est perdue, de passer du versant de la haine à celui de l'amour.

Cet examen nous oblige à un retour en arrière, vers l'époque de ce lien archaïque décrit en termes si chaleureux et si troubles, lien qui a pour symbole, rappelons-le, l'image d'une très jeune femme : la maternité porte un masque équivoque qui redouble l'attirance en même temps qu'il l'investit d'anxiété. Cet amour

---

36. *Journal littéraire,* tome I, p. 3, 1801

enfin a subi l'incompréhensible catastrophe de la *mort nocturne*. Le premier choix amoureux s'est soldé par un abandon : d'où l'existence en ombre portée d'un ressentiment qui pourrait expliquer la fiction matricide du *Rouge*. Ce dernier phantasme ne restera pas dominant, mais ces vicissitudes diverses feront du bonheur amoureux un état menacé par excellence, un état lié à l'immobilité dans un lieu clos et enténébré où le fantôme pourrait manifester sa présence ; à défaut l'attente passive devant la fenêtre ou la porte de cette pièce hantée, et la communication par un langage secret.

A cette mise en scène maintenant familière, si favorable à l'inhibition, il faudrait raccorder cet accident de la protohistoire : la *chute* durant le trajet entre la mère et le grand-père qui se solde par la *blessure à la bouche* dont nous avons pu vérifier la résurgence, avec son cortège d'appréhensions : tomber, se blesser, être puni pour avoir mordu, léser l'organe du plaisir archaïque dans une situation amoureuse, être guetté par l'impuissance... Dangers que condense le phantasme permanent révélé dans *la Vie de Henri Brulard* : celui des deux hommes armés de poignards qui le guettent, tapis dans l'ombre, lorsqu'il se dirige vers la fenêtre donnant sur une galerie.

Ces diverses obsessions accompagnent chaque aventure importante du héros stendhalien. Ses difficultés sont invariablement sanctionnées par une chute ! A Waterloo, Fabrice est jeté à bas de son cheval dans les circonstances que l'on sait. Il tombe à nouveau lorsqu'il est de garde au milieu du pont, pendant la retraite. Il tombe dans un fossé bourbeux au terme de son évasion de la tour Farnèse. Julien Sorel, lui, s'écroule de tout son long sur le parquet, lors de sa première entrevue avec l'abbé Pirard. Les chutes de Lucien Leuwen sont encore plus révélatrices. Son cheval le jette à terre lors de l'entrée de son régiment à Nancy, et juste sous les fenêtres de Madame de Chasteller ! Bien plus cette chute l'obsède ; elle tient du présage. Cette défaillance ne peut qu'exciter les moqueries de la jeune femme... et voilà qu'il tombe de nouveau sous ses yeux quand il repasse à dessein au même endroit !

> « Lucien eut cette mortification extrême que son petit cheval hongrois le jeta à terre à dix pas peut-être de l'endroit où il était tombé le jour de l'arrivée du régiment... Je suis prédestiné à être ridicule aux yeux de cette jeune femme. »[37]

---

37. *Luvien Leuwen*, tome I, p. 153.

Beyle lui-même note :

> « Quoique ancien officier de cavalerie, et quoique j'aie passé ma vie à tomber de cheval, j'ai horreur des chutes sur des pierres roulantes et cédant sous les pas du cheval. »[38]

et encore :

> « La moindre odeur (excepté les mauvaises) affaiblit mon bras et ma jambe gauche, et me donne envie de tomber de ce côté. »[39]

Il éprouve la même appréhension dans les pièces confinées et cessera pour cette raison de fréquenter le salon de Tracy[40].

Une relation curieuse se dessine entre la crainte de la chute, symbole d'impuissance, et le pouvoir de la parole.

Beyle amoureux est un homme qui discourt sans fin, qui tente sans doute de conjurer par le verbe une infériorité inconsciente ou, en parallèle, qui écrit au lieu d'agir, ainsi que le montrent, entre autres, les lettres à Matilde Dembowski et à Victorine Mounier (par l'entremise du frère). Il s'adresse le plus souvent à des actrices comme Mélanie Guilbert, et lui-même cultive la diction. Non seulement il prend des leçons mais il déclame volontiers et croit par là se mettre en valeur. Les réflexions sur l'interprétation des rôles reviennent sans cesse dans le *Journal* (La gloire par le théâtre a peut-être la même source). Ainsi en 1805, il joue le rôle de Philinte en présence de Mélanie (Louason) et de l'acteur Dugazon. Celui-ci lui fait dire ensuite la grande scène du *Métromane*. Beyle se rengorge :

> « Je l'ai joué avec un nerf, une verve et une beauté d'organe charmante... J'avais une tenue superbe de fierté, d'enthousiasme et d'espérance en disant mon rôle. »[41]

Or ce débordement de vanité naïve est mêlé à des considérations sur la maladie vénérienne supposée de Louason :

> « Il m'a dit : Ne la baisez pas, elle a la ch.de.p...
> — Je le savais.
> — Comment ?

---

38. *Souvenirs d'égotisme*, p. 1396.
39. *Souvenirs d'égotisme*, p. 1448.
40. Il est singulier de constater que l'accident archaïque, inscrit dans sa constitution psychosomatique réapparaîtra comme annonce de sa mort prochaine. Il écrit dans une lettre à Di Fiore du 19 avril 1841 : « J'ai eu le 20, attaque de faiblesse dans la jambe et la cuisse gauche. » Pendant cette période, il aura perdu la mémoire des mots français.
41. *Journal*, 22 pluviose an XIII, p. 588.

— Je l'ai vu aux boutons qu'elle a sur le visage.
Pesamment, par un reste de mes anciennes habitudes, je lui ai demandé ensuite si elle l'avait. »[42]

Ici apparaît tout ce que sa forfanterie, le brillant, l'esprit dont il se croit obligé de faire preuve dissimulent. La liaison entre la sexualité, le narcissisme et l'angoisse demeure. La chute, la défaillance le guettent toujours, le surprennent parfois comme les *Souvenirs d'égotisme* le révèlent. Sa conduite d'amoureux est conditionnée par les images anciennes et il faut se souvenir une fois de plus que la morte a emporté la féminité dans la tombe. La morte continue de dominer l'inconscient de Beyle, mais à la différence de l'image paternelle, sur le mode du manque et des fantasmes de substitution. Elle existe tel un miroir éclaté dont chaque fragment renvoie à l'unité détruite. Beyle ne cesse auprès des femmes de chercher à reconstituer la figure de la mémoire en courant de l'une à l'autre sans pouvoir se fixer. On s'étonne peu, dans ces conditions, de découvrir chez lui une ligne de partage fort nette entre amour et sexualité : l'un exclue l'autre.

Ou bien il *fout* ou bien il s'engage dans les détours indéfinis de la parole et des tactiques qui, bien entendu, le font échouer, à moins qu'elles n'aillent au-devant de son vœu secret d'échec.

Il est possible de suivre deux lignées de femmes : d'un côté celles qu'il possède, de l'autre celles à qui il parle. L'amour *angélique* se porte naturellement vers ces dernières. La distinction d'abord incertaine dans sa jeunesse, ne cessera ensuite de se préciser. Vous remarquez aussi une étonnante fidélité à l'image primordiale, qui se manifeste de façon curieuse. Longtemps il va aimer dans le sens de la généalogie maternelle, dans le sens des Gagnon !

---

42. *Journal*, 22 pluviose an XIII, p. 588.

LA TENDRESSE

L'une des premières liaisons est déjà marquée par la dichotomie. Il s'agit d'Adèle, fille de Madame Rebuffel. On se souvient qu'il dédaignera la jeune fille, la beauté juvénile, pour foutre la mère. Il n'emploie jamais d'autre expression :

> « Je fous Madame Rebuffel depuis le commencement de fructidor. »[1]

En même temps il se déclare amoureux d'Adèle : « Elle me donne mille marques de préférence. Elle me donne de ses cheveux. »[2] Il ne manque donc pas de déployer en parallèle devant la fille sa parade amoureuse, avec son flot d'éloquence, son attention aux moindres nuances dans les mines, les regards et les gestes. Le *Journal* pendant ces mois abonde en brèves notations du genre : « Je les vois... Je ne les vois pas... J'y vais le matin. Je joue la grande froideur... Je joue la grande indifférence, etc. »[3]

Déjà tout son arsenal tactique est au point, cet arsenal qu'il ne cessera d'enrichir pour son malheur. Cependant l'examen de la généalogie de ses conquêtes est encore plus intéressant.

Il se trouve que Jean-Baptiste Rebuffel est un cousin des Daru et des Gagnon. Adèle figure dans la lignée maternelle. Plus tard Beyle va courtiser assidûment la comtesse Pierre Daru. Le père du comte était le cousin germain du docteur Henri Gagnon et c'est auprès de la comtesse, avant Matilde Dembowski, qu'il va se dépenser le plus en rêveries et en discours. Il n'est pas indifférent non plus qu'elle soit l'épouse de celui qui est non seulement son cousin, mais son protecteur. Il y a ici un reflet lointain de Fabrice placé entre la Sanseverina et

---

1. *Journal*, 1802, p. 434.
2. *Journal*, p. 430.
3. *Journal*, p. 432.

le comte Mosca, mais un Fabrice qui aurait appliqué à l'analyse de ses sentiments une minutie proustienne. Le possessif au demeurant est impropre. On s'aperçoit à lire de nombreux passages du *Journal*, de la *Consultation pour Banti* qu'il analyse moins ses propres sentiments que ceux de la comtesse, mieux les reflets des sentiments possibles que ses gestes, ses inflexions de voix, ses expressions du visage sont susceptibles d'éveiller. Le jeu de miroir va d'une déduction à l'autre, hypothétique. La frustration ancienne se manifeste par une attitude entièrement passive. Il attend et il surveille avec anxiété les signes révélateurs du sentiment supposé, exposé par sa tactique aux dangers de l'ambiguïté que l'expression des émotions présente toujours, comme s'il se complaisait dans une alternance perpétuelle d'espoir et de désillusion, dans les « intermittences du cœur » comme dira Proust, et intermittences qui, lues dans les nuances expressives de la voix et du visage, ont la fugacité des figures nuageuses dans un ciel marin. Prisonnier de son « paraître », de son égocentrisme, il s'agit avant tout de s'assurer qu'il est aimé, mais comme il l'était jadis. Il se meut dans des signes qui renvoient à une réalité invérifiable, à jamais invisible :

> « Ses yeux semblent s'animer par ma présence. Je crois qu'elle pense que je suis retenu par quelque chose, mais la vertu est ridicule, il faut que je m'arrange pour lui faire comprendre que ce n'est pas ce motif respectable, mais uniquement la crainte de *ne pas être aimé en retour*... Sa figure m'a semblé se couvrir des couleurs de l'amour, lorsque, elle lisant haut un journal, au lieu de lire par-dessus son épaule je la regardais ; ce qu'elle voyait du coin de l'œil. »[4]

Encore :

> « J'étais à côté d'elle, elle est devenue rêveuse. Cette manière d'être a continué et lui a donné le teint du sentiment, blanc et rose, légèrement marbré. »[5]

et un peu plus tard, il note :

> « Je crois qu'hier, j'ai été doucement aimable. J'ai cru qu'elle me regardait quelquefois avec amour, les yeux seuls avaient cette expression. Nous étions trop entourés pour que les autres traits pussent la prendre ; mais l'attention profonde des yeux présente la *même apparence que l'amour*. »[6]

---

4. *Journal*, 3 mai 1800, p. 925. En romain dans le texte. Trad. de l'auteur.

5. *Journal*, 18 mai 1810, p. 934.

6. *Journal*, 9 juillet 1811, p. 1049. En romain dans le texte.

Inlassablement, il guette le furtif, l'évanescent, l'invérifiable :

> « Toute sa manière d'être annonçait l'amour. J'ai été bien puni de n'avoir pas mis de prestesse à attaquer. »[7]

Il n'attaquera jamais, bien qu'il se promette sans cesse de le faire car l'état qui le ravit et entretient en même temps son anxiété se suffit à lui-même[8].

Toujours lucide sur un certain plan, il note ce jour-là : « Je jouis par la sensibilité ».

Cette attitude exprime profondément sa protohistoire frappée par le malheur du deuil. L'apparence semblable à l'être est le symbole de l'insécurité ; elle inquiète à cause de la perfection de sa ressemblance qui peut tout aussi bien être un mirage, c'est-à-dire le néant. Le signe espéré est là, mais s'il ne renvoyait à rien ? ainsi que, soudain, par une nuit absolument identique aux autres nuits, dans un décor absolument semblable à celui de la veille, une réalité s'est évanouie, une apparence a révélé son vide... Vérifier si l'apparence correspond à ce qu'elle prétend être, ne serait-ce pas risquer de ressusciter la cruelle expérience ou, dans la meilleure hypothèse, corrompre la nature de cet amour dont l'être réside dans sa quasi immatérialité ? Son existence, nous l'avons vu dans le roman, est liée à la *distance*, dans la mesure où celle-ci renforce précisément la validité de l'apparence.

A Grenoble, Beyle tombera amoureux de l'actrice Virginie Kubly en l'entendant chanter, dans des opérettes à la mode, des airs de Dalayrac et de Grétry. Cette jeune femme, il ne la verra jamais qu'au théâtre, perdu parmi les spectateurs du parterre. Il va risquer une fois, une seule fois de la rencontrer. Elle se rapproche. Alors...

> « Un matin, me promenant seul... et pensant à elle comme toujours, je l'aperçus à l'autre bout du jardin contre le mur de l'intendance qui venait vers la terrasse. Je faillis me trouver mal et enfin *je pris la fuite*, comme si le diable m'emportait... Notez qu'elle ne me connaissait en aucune façon. Voilà un des traits les plus marquants de mon caractère, tel que j'ai toujours été (même avant hier). Le bonheur de la voir de

---

7. *Journal*, 18 juillet 1811, p. 1051.
8. Victor del Litto l'a bien vu, qui écrit : « La pire des choses aurait été de s'entendre chuchoter : « Je vous attends à minuit » (*Vie de Stendhal*, p. 134). Alexandrine basculait du côté interdit.

près, à cinq ou six pas de distance, était trop grand, il me brû-
lait, et je fuyais cette brûlure, peine fort réelle. »[9]

Et sa conduite à l'égard de Victorine Mounier illustre ce
trait de manière encore plus frappante si possible. Il fait sa
connaisance à Grenoble, lors de son retour des armées. Il ne
lui a rien avoué, semble-t-il, de ses sentiments. Lorsque Victorine
part pour Paris rejoindre son père, il la suit sur le champ[10].
A Paris, alors qu'il courtise Adèle Rebuffel, il demeure amoureux
en pensée et c'est pour assister au départ en chaise de poste
de la jeune fille (elle s'en va à Rennes. Mounier est préfet d'Ille-
et-Vilaine), qu'il se réfugie durant une averse sous une porte-
cochère de la rue Montmartre. Puis il imagine d'écrire à Edouard
Mounier, son frère, une série de lettres qui s'échelonnent sur
trois années où, feignant de s'adresser à son correspondant, il
parle en réalité à Victorine ! Cette passion-là est purement immatérielle, pur amour de l'ombre, passée avant d'avoir été :

> « Oui, mon ami, j'étais amoureux et amoureux d'une singu-
> lière manière d'une personne que je n'avais fait qu'entrevoir
> et qui n'avait récompensé que par des mépris la passion la
> mieux sentie. Mais enfin tout est fini ; je n'ai plus le temps
> de rêver, je danse presque chaque jour. »

et il poursuit par le récit de prétendus exploits don juanesques
pour ensuite établir une comparaison :

> « Mais lorsque mon orgueil veut me féliciter de la diffé-
> rence de mes succès cette année et l'année dernière, je deviens
> rêveur, je me rappelle le charmant sourire de celle que j'aime
> malgré moi, je sens des larmes errer dans mes yeux à la pensée
> que je ne la reverrai jamais... De cet amour si violent, il ne
> me reste pour gage qu'un morceau de gant ; »[11]

Un objet-fétiche autour duquel il rêve et écrit durant trois ans...
Comme H. Martineau le fait remarquer avec justesse, il n'est
même pas certain qu'Edouard ait jamais fait lire à sa sœur
les lettres qu'il recevait de Beyle[12]. Il fera d'ailleurs toujours
l'ignorant.

Bien révélateur aussi est cet aveu au même Edouard Mounier :

---

9. *La Vie de Henri Brulard*, p. 212.
10. *Journal*, 5 avril 1802, p. 429.
11. *Correspondance*, à E. Mounier, 11 janvier 1803, p. 42-43.
12. Henri Martineau : *Le Cœur de Stendhal*, I, p. 158.

« J'en suis à regretter de m'être formé une chimère que je cherche depuis cinq ans... Je lui ai donné un nom, une physionomie ; je la vois sans cesse, mais elle ne répond pas... Je vois qu'actuellement il n'y a plus que de grandes choses qui puissent me distraire de cet état affreux de brûler sans cesse pour un être qu'on sait qui n'existe pas ou qui, s'il existe, par un hasard malheureux ne répond pas à ma passion. »[13]

Plus tard quand Pauline écrira qu'elle s'est liée avec Victorine, il semblera à peine se souvenir de sa folle exaltation. De même, dans une page du *Journal*, en 1811, il raconte qu'il a cru reconnaître Victorine dans les silhouettes successives de deux femmes, mais que :

« Cela me touche, j'en conclus que j'ai oublié d'elle jusqu'à sa figure, mais non pas l'idée que je m'étais faite de son âme. »[14]

Du jeu des regards à l'idée, de l'idée aux regards, tel est le champ fragile de l'amour qui en définitive n'a jamais d'être, sinon dans l'interprétation de l'apparence qui équivaut aussi bien à l'entretien d'une illusion. Le regard est un signe comme un autre. Il fait partie de ces codes qu'il convient de déchiffrer, mais aussi de renforcer, de compliquer sans cesse sous peine de voir la construction mentale se dissoudre, et comment la renforcer sinon par la parole qui réactive la manifestation des expressions diverses et des nuances susceptibles de passer sur un visage.

« Il est clair », note-t-il à propos de Mme Daru, « que Machiavel B... ne se serait pas conduit comme moi auprès de Marie, hier. Mais eût-il eu le plaisir que m'ont donné ses regards et ses moindres actions ? »[15]

En somme l'amour dans cette lignée de femmes, dans la lignée Gagnon, reste le pur, l'*angélique* amour, l'amour « *divin* » dont il rêve comme l'on peut rêver à ce qui n'est pas ou à ce qui n'est plus. Son immatérialité est suspendue au verbe. Aimer, c'est parler, parler sans cesse afin que l'attention profonde des yeux ne disparaisse pas. La distraction est fatale, le silence est mortel... à moins qu'il n'autorise un mensonge surgi telle une compensation fantasmatique, le symptôme par excellence de sa paralysie, de l'interdit.

---

13. *Correspondance*, à E. Mounier, le 31 juillet 1803, p. 77.
14. *Journal*, 2 mars 1811, p. 1011.
15. *Journal*, 18 juillet 1811, p. 1051.

Je fait allusion ici à la note marginale du *Journal* de novembre 1809, concernant ses relations avec la Comtesse Daru :

> « Tout cela se termina en six minutes deux mois après, et je l'ai eue un an de suite, six fois par semaine. »[16]

Nous savons qu'il ne l'eut jamais, qu'il était incapable de l'avoir, qu'il ne le souhaitait pas. C'eut été basculer dans le monde qui est l'inverse de la parole, mieux qui est une menace pour la parole.

Vous retrouvez une fois de plus le privilège accordé à la bouche en tant qu'organe vital. Cette bouche, blessée dans l'enfance, soutient dans l'être le discours du monde, et monde qui se confond avec la réalité sonore de la voix. Peut-être tenons-nous là l'une des sources profondes de son écriture de polygraphe : celle-ci non plus ne s'interrompt jamais. C'est un substitut de la parole, le moyen de maintenir tendu le réseau des signes apparents. Elle court à perdre haleine, insoucieuse des genres, car tout arrêt est chute dans le néant ; elle court, dirais-je, à la poursuite « *d'un être qui n'existe pas ou qui, par un hasard malheureux ne répond pas* », pour reprendre la formule saisissante de la lettre à Edouard Mounier. Il n'y a pas de hasard quand la même attitude se répète avec invariance et l'on ne peut passer sous silence dans cette perspective l'histoire de ses relations avec sa sœur Pauline.

Cet amour, on s'en souvient, fait de la même substance et des mêmes péripéties, est au centre de la vie sentimentale de sa jeunesse. A peine est-il besoin de souligner son côté incestueux. Il ne surprend pas plus que le brouillon d'*Hamlet*. Pauline va demeurer son correspondant principal pendant quinze ans, de 1800 à 1815, correspondant d'une importance telle qu'il en dissimule avec soin l'existence. Aucune allusion précise n'est faite à sa sœur dans *la Vie de Henri Brulard*, si ce n'est qu'il note avec monotonie : « Elle était de mon parti » ; quelques vagues remarques dans le *Journal* en 1805 comme : « Porter à ma divine Pauline la partition du *Matrimonio segreto* »[17], après de longues considérations sur Mélanie Guilbert. Cette liaison-là n'aura pas de secret pour Pauline, et il formera le projet d'une existence à trois ; enfin il existe une confidence dans les *Souvenirs d'égotisme* dont nous parlerons plus loin.

---

16. *Journal*, novembre 1809, p. 899.
17. *Journal*, 21 mars 1805, p. 658.

Cette réserve s'accorde avec la fonction capitale de Pauline. Elle incarne la communication avec le lieu du passé, avec la famille, avec Grenoble. Elle va demeurer aussi le symbole d'un amour *à distance* et qui, en effet, ne répond pas !

> « Je ne conçois pas, ma chère Pauline, ce qui peut t'empêcher de m'écrire ?... Pourquoi ne m'écris-tu pas, ma chère Pauline ?... Tu ne m'écris pas, ma bonne Pauline ou, pour mieux dire, tu ne m'as jamais écrit. »[18]

Tels sont, avec des variantes, les débuts de la plupart des lettres du frère, mais ce silence, on s'en doute, ne fait qu'exciter sa fécondité d'épistolier et exalter ses rêveries chimériques. Pauline est l'unique, la compagne de sa vie :

> « Serrons-nous, ma chère amie, nous qui nous aimons et que rien ne peut disjoindre... Tâchons de nous arranger de manière à passer notre vie ensemble... Je me suis détrompé de toutes les autres. Ce n'est que toi que j'aimerai toujours »,

jure-t-il en 1804[19], au milieu de plaintes sur le silence de sa sœur Un peu plus tard, pendant la liaison avec Mélanie Guilbert, il assure : « Nous parlons sans cesse de toi. Si vous étiez ensemble, vous seriez heureuses »[20], et il renchérit :

> « Mélanie brûle de te connaître. Vos âmes se ressemblent tant que vous vous aimerez. Elle a maintenant toutes tes manières de penser et de sentir, la même originalité. »[21]

On sait que, lorsqu'il revendiquera la paternité de l'enfant de Mélanie, il affirmera curieusement à Pauline que celui-ci est tout à sa ressemblance.

Cependant le véritable rôle de Pauline apparaît dans des lettres postérieures à l'épisode de Louason. En 1808, toujours aussi enthousiaste, après une allusion à la nature musicale de leurs affinités, il confesse :

> « J'ai repassé dans ma mémoire tout le temps que nous avons passé ensemble ; comment je ne t'aimais pas dans notre enfance ; comment je te battis une fois à Claix, dans la cuisine. Je me réfugiai dans le petit cabinet de livres ; mon père revint un instant après, furieux et me dit : « Vilain enfant ! Je te mangerais ! »

---

18. *Correspondance*, à Pauline, juillet et décembre 1800, p. 8, 13, 18.
19. *Correspondance*, 31 décembre 1804, p. 167.
20. *Correspondance*, 1er octobre 1805, p. 232-33.
21. *Correspondance*, 22 août 1805, p. 220.

Puis il s'attendrit sur lui-même, sur la tyrannie de Séraphie, sur leurs promenades romantiques :

> « Comme je regardais la chute des montagnes du côté de Voreppe en soupirant ! C'était surtout au crépuscule du soir en été, le contour en était dessiné par une douce couleur orangée... »[22]

Pauline réactualise le passé en ses images cruciales et de ce fait il est possible avec elle de laisser tomber un peu le masque des apparences. Derrière celles-ci palpite l'être des souvenirs et il est à remarquer que la réminiscence s'effectue par des relais vocaux. L'image d'Adèle ne ressuscite pas les moments privilégiés parce qu'elle est une image de mouvement. Au contraire, ces moments reviendront avec l'image d'Angela Pietragrua parce que « son souvenir est lié à celui de la langue italienne »[23]. Il le glisse dans les rôles féminins qui lui plaisent, lorsqu'il lit une pièce... Toutes ces rêveries aboutissent enfin à une confidence révélatrice du climat subconscient dans lequel cet amour baigne, comme tant d'autres :

> « Je l'entends, tout mon sentiment a commencé par là ; je lisais un auteur que je ne connaissais et n'estimais guère... *La Punizione nel principio* (Gozzi). La Reine Elvire, réduite à se cacher dans des forêts immenses, rencontre son fils, charmant jeune homme qui ne sait pas qu'elle est sa mère ; si le tyran don Sanche le soupçonnait d'être le fils de son prédécesseur, il le ferait périr. Elvire n'en avait eu aucune nouvelle depuis sa naissance ; la prudence fait qu'elle lui défend de revenir jamais ; elle veut s'en aller, elle ne le peut ; elle revient et lui dit :
>
> > Pasteur vois si je t'aime
> > Reviens, toi... »

et Beyle traduit en une note qu'il fera passer dans son *Journal* :

> « Reviens demain au lever de l'aurore ; cette grotte obscure conduit à une autre grotte, au-delà de la montagne où j'ai un plus fort et plus sûr asile... Viens revoir qui t'adore ! »

Il ajoute :

> « A ce qui vient après la description de la grotte, je me suis senti pleurer comme un enfant... Adieu ; aime-moi et donne-moi des nouvelles de Grenoble. »[24]

Le thème, l'émotion irrépressible dispensent de commentaires. Pauline, figure privilégiée par sa situation historique, reste

---

22, 23. *Correspondance*, à Pauline, 26 mars 1808, p. 442.
24. *Correspondance*, à Pauline, 26 mars 1808, p. 442-43.

une *figure-relais*, héritière de l'œdipe, une figure qui deviendra aussi la victime innocente d'un rôle qu'elle n'était guère faite pour jouer, et qui sera sacrifiée dès qu'elle tentera d'en outre-passer les limites. Elle s'est prise au jeu sans méfiance, cette provinciale exaltée par la solitude, et d'intelligence, semble-t-il, médiocre :

> « Il est une heure ; il fait un clair de lune superbe ; depuis quelques jours il tombe beaucoup de neige ; tout est paisible autour de moi... J'ai pris la résolution de t'écrire cette nuit, je ne serai pas interrompue. Mon âme est tranquille comme tout ce qui m'entoure. Ah ! mon ami, qu'il y a longtemps que je souffrais ! N'en parlons plus. Mon cher Henri, tu as cru que je ne t'aimais plus et je n'avais pas la force de te détromper. Je t'aime autant que jamais, et si je n'avais au moins toi à aimer, que ferais-je dans ce monde ? »

et, avec un romantisme tout werthérien, elle évoque pour excuse son ennui, un ennui « si horrible » qu'elle songe au suicide :

> « Mon ami, comme je sens les vers d'André Chénier ! Vingt fois en maniant des pistolets, j'éprouvais un violent désir de les décharger dans mon cœur. Je me délivrerais du fardeau qui m'oppresse. Je suis entourée d'âmes sèches qui me tuent... Tu es toujours mon unique ami, et je serais aussi heureuse que possible si j'épouse (Locke) et que nous habitions la même maison avec toi et..., et la fille aussi. »[25]

Habiter ensemble, vivre ensemble, leitmotiv de quinze ans de correspondance, mais pour que ces beaux sentiments durent, s'épanouissent, il faut bien se garder d'enfreindre la règle du jeu donnée par les circonstances de la relation épistolaire ; il faut se garder de vouloir supprimer sa raison d'être, la *distance* physique qui équivaut à la *distance* dans le temps, et demeurer *la lointaine* ; il faut se garder de trop répondre et dans la langue parlée par les vivants. Privée de son nimbe de passé et d'im-matérialité, de son silence coupé de rares professions de foi plaintives, telles celles que nous venons de citer, l'image de Pauline, comme celle de Mme Kubly, de Victorine Mounier s'écroule ! Beyle ne lui pardonnera pas d'avoir voulu quitter le royaume des ombres...

On sait le destin final de cette passion épistolaire. Devenue veuve et pauvre, Pauline Périer La Grange accompagnera son frère à Milan en 1807 pour y passer quelques mois. Elle y revien-dra en 1821 avec l'intention d'y demeurer. Que n'eût-elle lu *De*

---

25. *Correspondance*, Pauline à son frère, 5 décembre 1805, p. 1151.

l'*Amour* où l'auteur expose que l'évocation de la femme aimée, projetée dans l'âme par une image heureuse associée à sa personne, plonge dans une rêverie plus profonde et plus douce que sa présence elle-même ! Cette fois, c'en est trop ! Qu'elle reparte, qu'elle disparaisse ! Soudain, elle n'est plus rien, si ce n'est un fardeau insupportable. Nous lisons, et sans trop de surprise, dans *les Souvenirs d'égotisme* :

> « J'ai été sévèrement puni d'avoir donné à une sœur que j'avais le conseil de venir à Milan en 1816, *je crois*. Madame Périer s'est attachée à moi comme une huître, me chargeant à tout jamais de la responsabilité de son sort. Madame Périer avait toutes les vertus et assez de raison et d'amabilité. J'ai été obligé de me brouiller pour me délivrer de cette huître ennuyeusement attachée à la carène de mon vaisseau et qui, bon gré mal gré, me rendait responsable de tout son bonheur à venir. Chose effroyable ! »[26]

Ce serait encore assumer une responsabilité, conduite et vertu de l'adulte, qui exigerait le rejet des dépendances secrètes. Ainsi Beyle formera perpétuellement le projet de se marier sans jamais se résoudre à franchir le dernier pas.

L'aventure avec Matilde Dembowski apparaît sans doute moins immatérielle, moins le pur produit d'une construction mentale, mais sa tonalité contemplative est flagrante. C'est une passion qui se nourrit de son malheur, une passion qui incline du « j'aimais à aimer » de saint Augustin, paraphrasé à maintes reprises dans le *Journal*[27], à une passivité proprement masochiste. Tout se passe comme si Beyle imitait ici Stendhal, se complaisait à revivre toutes les conduites que nous avons rencontrées dans les romans : adoration soumise et sans espoir, errances, stations sous les fenêtres, déguisements, etc. La parole, plus que jamais, commande l'histoire entière, mais une parole qui se transforme en instrument de torture. Le déchiffrage des signes tend au délire d'interprétation. Le soupirant s'abîme dans l'humilité, toujours tremblant, toujours au bord de la disgrâce :

> « Puis-je espérer à force d'amour, de ranimer un cœur qui est peut-être mort pour cette passion ? Mais peut-être suis-je ridicule à vos yeux ?... Ma timidité et mon silence vous ont ennuyés ?... Quand vous avez dit avec l'accent d'une vérité si profondément sentie :

26. *Souvenirs d'égotisme*, p. 1449.
27. (« A Paris, en l'an XII, lorsque je parcourais les faubourgs, l'amour de l'amour me jetait dans la mélancolie. ») *Journal*, 2 février 1806, p. 749.

> « *Ah ! tant mieux qu'il soit minuit !* » ne devais-je pas com-
> prendre que vous aviez du plaisir à être délivrée de mes im-
> portunités, et me jurer à moi-même sur mon honneur de ne
> vous revoir jamais ? Mais je n'ai du courage que loin de
> vous. »

mais il faut précisément revenir sans cesse pour courir le risque
de se voir éconduit, pour se sentir de nouveau désespéré, pour
une fois de plus chassé, reprendre la parole, écrire avec un
espoir sans espoir. Comme il le confesse dans la lettre citée,
la distance ranime en effet le pouvoir magique de la parole,
alors que la proximité rend muet, sans que le mutisme entraîne
toutefois au geste trop hardi qui bannirait sans retour en brisant
le cercle. L'insensible Matilde est au fond sexuellement interdite :

> « En votre présence, je suis timide comme un enfant, la
> parole expire sur mes lèvres, je ne sais que vous regarder et
> vous admirer. Faut-il que je me trouve si inférieur à moi-
> même et si plat ? » conclut-il.[28]

A la limite, ce désir honteux de lui-même mène à la conduite
de voyeur et d'espion qui se rencontre si souvent dans le *Journal*
et les fictions. Beyle se changerait volontiers en ce personnage de
l'une de ses nouvelles qui se fait enfermer dans un coffre pour être
transporté dans la chambre de son amante où il assiste à une
scène qu'en principe il aurait préféré ne pas voir : le mari ac-
cable sa femme de caresses[29]. Cependant la réalité se prête moins
bien à ce genre d'entreprise. Il se contentera de l'équipée de
Volterra.

Matilde, on s'en souvient, s'était rendue dans cette ville
pour rendre visite à ses enfants, alors pensionnaires. Beyle la
suit et, après maints louvoiements, haltes diverses à Gênes, à
Livourne, à Pise, il y parvient à son tour pour tenter sous un
déguisement malhabile d'épier les démarches de la jeune femme :

> « Dans la traversée, je pensais qu'en prenant des lunettes
> vertes et en changeant d'habit, je pourrais fort bien passer
> deux ou trois jours à Volterra, ne sortant que de nuit et sans
> être reconnu de vous. »[30]

Il est bien entendu vite identifié et ce sont, entre son hôtel
et la résidence de Matilde, de nouvelles prises de paroles gémis-

---

28. *Correspondance*, à Matilde Dembowsky, 12 mai 1819, p. 965.
29. *Le Coffre et le Revenant*, p. 123.
30. *Correspondance*, à M. Dembowsky, 11 juin 1819, p. 969.

santes et éperdues, excitées par l'agacement soulevé par ce soupirant indiscret et importun. Beyle manifeste alors pleinement le dolorisme de son caractère. Dans toutes ses protestations, ses demandes de pardon pour son audace malencontreuse (en fait, il soupçonne d'avoir un rival en la personne d'un certain Giorgi), il lui échappe un aveu révélateur :

> « Je n'ai jamais eu le talent de séduire qu'envers les femmes que je n'aimais pas du tout. Dès que j'aime, je deviens timide et vous pouvez en juger par le décontenancement dont je suis auprès de vous »,

et il ajoute, trahissant son désir secret de se satisfaire du désespoir qu'il cultive :

> « Mais j'aurais ce talent de séduire que je ne l'aurais pas employé auprès de vous. S'il ne dépendait que de faire des vœux pour réussir je voudrais vous obtenir pour moi-même et non pour un autre être que j'aurais figuré à ma place... C'est ainsi que je voudrais être aimé, c'est ainsi qu'on fait le véritable amour ; *il repousse la séduction avec horreur*, comme un secours trop indigne de lui, et avec la séduction, tout calcul, tout manège. »

Il insiste :

> « J'aurais le talent de vous séduire, et je ne crois pas ce talent possible, que je n'en ferais pas usage. Tôt ou tard vous vous apercevriez que vous avez été trompée, et il me serait, je crois, plus affreux encore, après vous avoir possédée, d'être privé de vous que si le ciel m'a condamné à mourir sans être jamais aimé de vous. »[31]

En réalité, il cesserait d'aimer, et il le sait. La note qu'il griffonne au bas de l'un de ses brouillons, le laisse entrevoir. Après avoir évoqué sa jalousie à l'égard du cavalier Giorgi, l'hôte de Matilde, il écrit : « Les femmes honnêtes, aussi coquines que les coquines »[32].

S'il en était certain, il se précipiterait pour retomber dans la sexualité. Par bonheur les *apparences*, les signes sont toujours suffisamment équivoques pour qu'il puisse continuer de jouir de la « dureté mortifiante »[33] de Matilde. Elle demeurera et devra demeurer l'ombre désolante et inaccessible, avec qui l'on communiquera à *distance* par la parole ; il remordra sa résigna-

---

31. *Correspondance*, à M. Dembowsky, 7 juin 1819, p. 967. En romain dans le texte.
32. *Correspondance*, à Matilde D, 7 juin 1819, p. 968.
33. *Correspondance*, à Matilde D, 11 Juin 1819, p. 969.

tion jusqu'à ce que le « cœur embrasé des flammes d'un vol-
can »[34] se refroidisse peu à peu... Même évolution. Il la prie
en 1820 « d'agréer l'assurance de ses plus sincères respects »[35],
après avoir écrit l'année précédente :

> « Vous pouvez me rendre bien malheureux en m'éloignant,
> mais tant que vous serez vous-même, je ne vivrai que pour
> vous. Jugez-en par le sacrifice que je vous propose : si mon
> amour vous ennuie, n'en parlons plus. »[36]

et encore :

> « Soyez heureuse, même en aimant un autre que moi. »[37]

Métilde devait, à tous égards, le prendre au mot. L'ombre, un
temps réveillée, retourne au mutisme de la mort, tandis que le
délaissé parle, écrit, rédige *De l'Amour*.

L'amour *angélique*, la trace indélébile laissée par la morte a
donc contribué à faire deux parts dans sa vie, à fonder l'adoration
à distance sans cesse déçue et qui ne cherche qu'à l'être, (jusqu'à cette mystérieuse, fantomatique encore, *Earline*), assortie
de sa compensation fictive par la claustrophilie bienheureuse
des romans. En outre la situation œdipienne et son renforcement
par la disparition de la mère déterminent son faux don juanisme,
son papillonnement de silhouette en silhouette, sa quête inlassable après les signes. Dans le domaine de l'amour *parlé*, *vocal*
dirais-je volontiers, Beyle est semblable à celui qui éprouverait
sans relâche le sentiment de la fausse reconnaissance. Il se précipite vers l'*apparence*, brûlant d'espoir pour vérifier bientôt
que l'apparence n'a pas d'être ou que son être ne correspond
pas à celui qu'il cherchait, comme si l'image maternelle trop
tôt perdue avait subi un irréparable brouillage. Cette instabilité,
cette mouvance de la figure féminine, souvent vérifiée dans *la
Chartreuse de Parme*, se reflète encore dans un thème important
des fictions : celui de la femme travestie ou grimée. Il est complé-
mentaire de celui de l'espionnage : *voir sans être vu*, mais il
exprime de manière plus directe l'insécurité subsconsciente qui
paralyse Beyle.

Le grimage se rencontre assez peu dans les grands romans, à
l'exception peut-être de *la Chartreuse de Parme* où il intéresse sur-

---

34. *Correspondance*, à Matilde D, 20 juillet 1819, p. 981.
35. *Correspondance*, à Matilde D, 8 juillet 1820, p. 1027.
36. *Correspondance*, à Matilde D, 1819, p. 983.
37. *Correspondance*, à Matilde D, 15 août 1819, p. 987.

tout la masculinité et rejoint la préoccupation de changer d'identité. Fabrice sera marchand de baromètre, soldat français, etc. La modification du visage n'intervient guère que dans l'épisode de *la Fausta* où Fabrice arbore des moustaches et des favoris « presque aussi terribles que ceux du comte M. »[38]

En revanche sa fréquence est considérable dans les nouvelles et les textes inachevés où il intéresse un certain type féminin : *Vanina Vanini, Mina de Vanghel, le Rose et le Vert, Lamiel, les Chroniques Italiennes*, etc. Rappelons que Vanina, pour obtenir la grâce de Missirilli, le carbonaro, s'introduit chez Monseigneur Catanzara déguisée en valet de pied. Dans le *Philtre*, la belle espagnole que Lieven recueille chez lui, met les vêtements d'une femme du peuple. Mina de Vanghel, fille d'un général prussien, se fait passer pour la femme de chambre d'une dame allemande afin de rejoindre M. de Larcay ; bien plus, elle s'enlaidit en coupant ses cheveux et en passant sur sa peau une lotion colorante, déjà la décoction de feuilles de houx. L'autre Mina, celle du *le Rose et le Vert* (de Vanghen), songe à user du même artifice pour se rendre à Paris et se faire passer pour une personne complètement ruinée, mais à l'aide d'un ingrédient plus énergique :

> « Il faudrait donc « conseille l'avocat » par une préparation chimique (du nitrate d'argent) vous étendre une grande tache rougeâtre sur la figure en forme et simulation d'une affection cutanée. »[39]

Quant aux déguisements de Lamiel, ils sont incessants, l'équivalent romanesque de l'obsession des pseudonymes. Elle ne cesse de changer de costume et de chapeau. En outre elle s'enlaidit à l'exemple de Mina de Vanghen, avec le vert de houx. Ici, il s'agit de la feuille pilée de la plante dont la jeune fille frotte sa joue qui semble alors abîmée par une dartre répugnante.

Nous vérifions là les remarques faites à la fin de la première partie de cette étude. Ainsi les deux Mina, Vanina, Lamiel font partie de la galerie des Amazones, dépositaires de la pulsion de mort. En dépit des apparences, elles ne sont pas sans relation avec la série des créatures *angéliques* inaccessibles. Elles ont pour attrait la même domination impérieuse sur l'amoureux, qui comble le désir de passivité, mais sur un plan déjà beaucoup plus trouble. Cependant, n'est-ce pas encore le moyen de rester

---

38. *La Chartreuse de Parme*, p. 211.
39. *Le Rose et le Vert*, p. 243.

fidèle à l'image du passé que de se tourner vers des créatures chez qui la tendresse fait défaut, ainsi que, dans la réalité, vers celles qui sont hors d'atteinte, ne serait-ce qu'en raison des obstacles sociaux ?

Ce n'est pas un hasard si la plupart des femmes dont Beyle tombe amoureux, celles à qui il parle aussi bien que celles qu'il *fout*, ne sont jamais disponibles. En outre, pour en revenir à *Lamiel*, réapparaît dans ce texte, le dernier, comme en miroir, la grande préoccupation de Fabrice, son impuissance à éprouver ce qu'il nomme « cette sorte de folie sublime ». La curiosité de Lamiel envers le « fameux sentiment dont tout le monde parle » fait écho à son étonnement devant son insensibilité. Toutefois la transposition est significative : à la passion de *la Chartreuse de Parme* correspond la confusion avec la sexualité ; à la froideur du cœur, la frigidité. On se souvient de l'épisode :

> « Lamiel s'assit et le regarda s'en aller (Le paysan qu'elle a payé pour qu'il la déniaise). Elle essuya le sang et songea à peine à la douleur. Puis elle éclata de rire en se répétant : « Comment ! ce fameux amour, ce n'est que ça. »[40]

Vous distinguez ici le prolongement du thème de la *vue qui tue l'amour*. Ce qui était dans *la Chartreuse de Parme* allusion légère et discrète devient insistance brutale. Il n'y a pas de sensualité du côté des Amazones, ce qui nous étonne peu, mais la scène a une portée bien plus grande que les symboles enveloppés de mystère de *la Chartreuse de Parme*. Par sa crudité, sa sécheresse, sa stricte réduction à un acte physiologique et mécanique, elle est expressément montée pour que la révélation soit un fiasco. La ligne de séparation si nette entre le sentiment et les sens que nous avons distinguée se trouve dans ce passage soulignée jusqu'à la caricature.

Il s'agit autant de montrer la frigidité de Lamiel que de la provoquer. L'acte sexuel, comme il était à prévoir, est entouré d'une atmosphère de répulsion que les déguisements et les grimages viennent renforcer.

La dartre hideuse que Lamiel plaque artificiellement sur sa joue est disposée pour tuer le désir par le dégoût. L'obstacle symbolique permet aussi d'égarer le désir coupable puisque celle vers qui celui-ci a commis l'erreur, plutôt la faute, de se diriger n'a plus d'être. *La libido*, victime d'un leurre perpétuel,

---

40. *Lamiel*, chap. 9, p. 68.

court d'apparence en apparence. A l'équivoque de la silhouette dissimulée dans l'obscurité d'une chapelle ou de la fenêtre d'une orangerie[41] correspond dans l'autre domaine le visage rongé par la lèpre verdâtre. Stendhal le met bien en évidence, lors du rendez-vous avec l'abbé Clément, à l'auberge de Villejuif :

> « Le chapeau commun qu'elle avait acheté la veille rue du Dragon, était couvert d'un voile noir très épais, et quand Lamiel le leva, l'abbé aperçut une figure très étrange... Elle s'était rendue laide à l'aide du vert de houx. »[42]

Bien entendu le désir n'est pas totalement dissocié de la répugnance. Il y a complémentarité antithétique, comme dans la honte du voyeur, comme dans ces lèvres féminines qui peuvent en alternance « perdre la tendresse angélique pour prendre l'enjouement d'une catin »[43], et voilà bien là le malheur, l'ambiguïté devenue terrible des signes ! Ainsi Lamiel se sert de sa dartre pour mettre à l'épreuve le Duc de Miossens :

> « Le pauvre jeune homme ne put manger tant il était consterné de la dartre apparente qui avait donné une couleur abominable à une des joues de son amie... Eh ! venez donc mon bel ami, m'aimez-vous malgré ce malheur ? lui dit-elle en lui présentant sa joue malade à baiser. Le duc fut héroïque ; il donna un baiser, mais il ne savait trop que dire — Je vous rends votre liberté, lui dit Lamiel ; retournez chez vous, vous n'aimez pas les filles qui ont des joues à dartres — Parbleu, si ! dit le duc avec une résolution héroïque. »[44]

Ainsi pour passer du domaine de la parole à celui de la sexualité, il faut franchir un obstacle qui se révèle parfois insurmontable. Le passage s'apparente à une *chute* aux conséquences sanglantes ou purulentes. La couleur elle-même, privilégiée chez Stendhal, confirme la présence d'un fantasme archaïque. Je rapprocherai trois signes convergents : la joue est l'endroit de la morsure infligée par Beyle à sa cousine, l'un de ses souvenirs les plus anciens. Le vert est la couleur des chambres de sa mère et de son grand-père, là où il est tombé pour se casser deux dents de devant ; c'est aussi la couleur des œufs de gre-

---

41. Et il y aurait peut-être un rapprochement à établir entre cet écran et l'épisode du meurtre dans *Le Rouge*. Julien ne peut tirer que lorsque Mme de Rênal se trouve cachée par le pli de son châle ; « Julien ne la reconnaissait plus tout aussi bien. » Elle redevient alors l'apparence sur laquelle l'agressivité peut s'exercer.

42. *Lamiel*, p. 152.

43. *Journal*, 25 février 1805, p. 620.

44. *Lamiel*, p. 91.

nouille qui le dégoûtent et celle des épinards qu'il aime ! Dans *la Vie de Henri Brulard*, les signes sont liés. Après avoir confessé son horreur pour ce qui est sale, humide et noirâtre, il enchaîne sur le tableau suspendu dans l'atelier de Le Roy qui représente trois femmes nues en train de se baigner dans un ruisseau. Ce paysage verdoyant, trouve son imagination préparée par la lecture de *Felicia ou mes fredaines*, l'érotique de Nerciat qu'il lit en cachette. Le paysage devient pour lui l'idéal du bonheur, mais il l'oppose sur le champ aux

> « puants ruisseaux des Granges remplis de grenouilles et recouverts d'une pourriture verte. Je prenais la plante verte qui croît sur ces sales ruisseaux pour une corruption. »[45]

L'acte sexuel est donc en fin de compte incompatible avec l'*angélisme*. Il est scandale. Il ne peut triompher que si l'autre attachement n'existe pas. La dissociation est chez Beyle d'une netteté absolue. S'il n'aime pas, il *fout* ou bien s'il fout en croyant aimer, le sentiment ne résiste pas à l'épreuve. Dans une lettre à Pauline, il déclare au sujet de Mina de Grieshem :

> « Quand mon âme ne trouble pas mon esprit, il est entièrement occupé des moyens de m'en faire aimer sans lui nuire auprès du futur mari ; et bien certainement le lendemain que je serai sûr de son amour, elle me sera presque insupportable. »[46]

Lorsqu'il revoit Madame Pietragrua après dix ans de séparation, il note :

> « Si elle ne m'eut aimé, j'aurais eu des moments affreux, l'idée de n'être pas aimé de cette femme rare m'eut poursuivi au sein de tous les plaisirs. Elle m'aime et l'ennui me saisit ! C'est avoir en soi *un principe de malheur.* »[47]

Il l'a en effet ce principe et jamais celui-ci n'agit avec autant d'efficacité que dans cette région où l'on ne parle plus, celle de la sexualité, et dans laquelle la lignée des Amazones nous a entraînés peu à peu.

---

45. *La Vie de Henri Brulard*, p. 140, 141, 142.
46. *Correspondance*, à Pauline, 9 juin 1807, p. 354.
47. *Journal*, 15 septembre 1811, p. 1105. En romain dans le texte.

LE DÉSIR ET LA SEXUALITÉ

Les remarques que nous avons eu l'occasion de faire à propos des romans sont déjà confirmées par le vocabulaire. Répétons-le pour qu'on nous le pardonne : la pudeur de Stendhal n'a d'égale que l'obscénité ostentatoire de Beyle. Il *fout*, il *enfile*, il *prend le cul* ou même bizarrement *les deux culs* ; il se complait dans les histoires grivoises et les plaisanteries de commis-voyageur, il *attaque* avec impétuosité.

Il serait fastidieux de le suivre dans ses aventures d'auberge où la crudité du langage est constante. On s'aperçoit vite toutefois que l'obscénité, parfois scatologique, ne ressemble en rien à celle de Rabelais ou de Nerciat. Elle a je ne sais quoi de sombre. Elle paraît tendre à souligner un certain mépris mêlé de dégoût, semblable à celui de la dartre verte. Les propos sont d'ailleurs loin de correspondre aux actes. Il confie dans le *Journal* que :

> « Le jour de Noël 1804 avec mon oncle je suis allé pour la première fois au bordel à Paris. Chose rare à la vérité et bien loin de ma réputation. Jamais à Grenoble. »[1]

Il déclare dans *la Vie de Henri Brulard* que les « filles lui faisaient horreur dans ses débuts à Paris »[2]. Cette horreur se manifeste encore ici et là dans des scènes de ce genre, décrites avec complaisance :

> « Nous partons, Mme Filip sous mon bras. Elle agaça sans esprit tout le long de la route la grosse Mme Decrai à qui je donnai une tape sur le cul qu'elle repoussa avec de la véritable dignité. J'avais pris les cuisses à Mme Filip tout le dîner et même le c.n. Son ivresse et son horrible laideur, qui en faisaient absolument une femme de la halle, m'en ont si fort dégoûté que, hier dimanche, je ne me suis senti aucun goût pour

---

1. *Journal*, 1805, 12 février, en italien, p. 595.
2. *La Vie de Henri Brulard*, p. 320.

aller chez elle... Mme Filip est étendue sur un lit de repos dans son salon jaune, dont son indolente fille a enfin trouvé la clef. Elle fait un *rot* qui me dégoûte tout à fait d'elle. »[3]

Le même mois de cette année 1806, il confie au *Journal* :

> « Aventure assez basse chez Mme Pallard ou plutôt sur la porte de la maison de Mme Lavabre. J'y enfile Rosa, après l'avoir branlée, le tout pour la première fois, n'étant pour lors, éclairés que par un réverbère (de Marseille) éloigné de vingt-cinq pas, y ayant de la lumière aux fenêtres des maisons en vis-à-vis. Pour finir une matière si maigre et si noire, je la foutis à une heure, j'entrai chez elle à minuit. Je mourus bien vite de dégoût... »

Il ajoute quelques précisions fort peu poétiques sur ses prouesses et ses projets libidineux pour déclarer :

> « Je m'en allai bien dégoûté et honteux à six heures du matin. Oncques depuis ne l'ai revue. »[4]

Le monde de la sexualité est donc aussi tourmenteur que l'autre. Il apparaît dominé par un fort sentiment de culpabilité masqué avec gaucherie par la bravade et la forfanterie. Cet athée farouche, le disciple d'Helvetius et des Idéologues, supporte en réalité mal les misères et les laideurs de la physiologie. Dans une lettre à Mareste, il décrit longuement et sur un ton attendri les ébats amoureux d'un couple, jeunes mariés italiens, qui occupe une chambre voisine de la sienne, mais il avoue que la vue et l'audition de ces plaisirs intimes lui sont gâchés par un détail qu'il a surpris au cours de ses observations : au chevet du lit, il y a une chaise percée dont les amoureux usent sans la moindre vergogne[5].

S'il affectionne la situation de voyeur, il se comporte souvent comme si voir, c'était *revoir*... et là nous sommes ramenés au mystère effleuré dans le roman : la brutale irruption de la lumière sur un spectacle interdit. L'œil et la bouche, nous le savons, sont des organes impurs. La lecture de certains articles des *Privilèges* le confirme une fois de plus :

> « Si le privilégié voulait raconter ou révéler un des articles de son privilège, sa bouche ne pourrait former aucun son et il aurait mal aux dents pendant vingt-quatre heures »

édicte l'article 14, et le vingt et unième :

---

3. *Journal*, 1806, p. 781.
4. *Journal*, 23 avril 1806, p. 792.
5. *Correspondance*, à Mareste, 11 mai 1831.

> « Cent fois par an il pourra voir ce que fait actuellement la personne qu'il voudra ; *il y a exception complète pour la femme qu'il aime le mieux.*
>
> *Il y a encore exception pour les actions sales et dégoûtantes.* »[6]

Par ailleurs, nous apprenons, au sujet d'une certaine Mme Lavenelle, que cette femme

> « était si libertine si amoureuse de l'homme physique, qu'elle acheva de me dégoûter des propos libres en français. J'adore ce genre de conversation en italien ; dès ma première jeunesse, sous-lieutenant au 6me dragon, il m'a fait horreur dans la bouche de Mme Henriet, la femme du capitaine... En un mot, j'ai en horreur les propos libertins français, le mélange de l'esprit à l'émotion crispe mon âme, comme le liège que coupe un couteau offense mon oreille. »[7]

Les mots *horreur, dégoût* accompagnent donc sans cesse les confidences scabreuses. Il y a là une sensibilisation comme à la vision de la *pourriture verte* sur les ruisseaux des Granges. La sexualité occupe un domaine qui s'étend entre les deux types de femmes idéales et inaccessibles, à la manière du parcours dangereux entre sa mère et son grand-père Gagnon. Nous sommes alors peu surpris d'apprendre qu'il y ait fait des *chutes* et certaines critiques ont voulu, à partir de ces défaillances, du thème traité dans *Armance* et dans *Lamiel*, conclure à l'impuissance.

Toutefois les documents, comme H. Martineau l'a montré, n'autorisent guère à aller aussi loin :

> Divers témoignages et de généreux certificats, pourrait-on dire, additionnés aux aveux du Journal et de la Correspondance, les confidences de Mme Azur à Mérimée, quelques cris échappés à Menti dans ses lettres et les hauts faits préalables de Beyle auprès de Mme Galice à Grenoble, l'ont heureusement absous de cette disgrâce. »[8]

Oui, le *babilanisme* semble avoir été une légende entretenue par la rumeur autour des défaillances, mais si celles-ci sont banales, les circonstances en revanche retiennent l'attention.

A ce point, il faut se souvenir que la lignée des femmes auprès de qui il échoue ou se contente de nourrir une passion

---

6. *Les Privilèges*, p. 1528-29. En romain dans le texte.
7. *Souvenirs d'égotisme*, p. 1422.
8. Henri Martineau, *le Cœur de Stendhal*, II, p. 15.

vaine par l'analyse infinie de sa douleur ont pour modèle lointain la mère perdue. Inhibition, maintien de la *distance*, parole
prodigue, à la fois parade et masque, bonheur dans l'attente
immobile, tous ces symptômes ont été maintes fois vérifiés.
L'approche sexuelle tient là d'une profanation et mieux vaudrait
que la pensée même du désir soit bannie... Car l'impuissance,
lorsqu'elle ne relève pas d'une anomalie physique peut procéder
de deux causes : ou bien le sujet se voudrait actif et ne le peut,
empêché par une circonstance accidentelle, ou bien l'inhibition
va dans le sens de son vœu secret : il se veut impuissant.
On peut penser que tel est le cas. C'est encore une manière de
manifester son mépris écœuré, aussi de garder sa fidélité à
à l'image archaïque. La conduite est au fond dans la logique
de l'obscénité appliquée, mais elle présente un avantage. Elle
est une fuite, mais, ressentie comme involontaire, cette fuite
n'engage pas ; partant elle ne laisse pas sur un sentiment de
culpabilité. Elle tient d'un rêve, celui d'une pureté disparue,
mieux de l'âge où la sensualité non consciente d'elle-même
n'était qu'une sensibilité spontanée. Cette forme d'impuissance,
liée sans doute à une *libido* demeurée à un stade infantile, équivaudrait au refus du génital en de certaines situations où pourrait, à l'inverse, exister seulement le génital. Là encore la séparation entre les deux domaines intervient.

On l'a vu : il est impossible de savoir si l'insensibilité de
Lamiel est constitutionnelle ou la conséquence de son déniaisage.
L'auteur tentait de nous suggérer que la seule froideur mentale
était responsable, mais que si l'*aspect moral* de l'amour, comme
dit plus loin l'héroïne, existait... L'acte physique, *n'est-ce que
ça* ? Au fond, ce n'est rien, à moins que... L'un ne se raccorde
pas à l'autre. Le vert de houx protégeait une pure représentation
mentale. De même *le fiasco avec Alexandrine*, que nous pren-
drons pour exemple du *babilanisme* épisodique de Beyle, protège
un souvenir inconscient.

En guise de préambule, je rapprocherai un fragment de
lettre de la comtesse Curial d'une notation empruntée aux *Souvenirs d'égotisme*. La lettre est citée par Martineau. Menti y juge
en ces termes l'ardeur physique de Beyle :

> « Je voudrais passer des mois entiers avec toi et qu'il ne
> me fût possible de rien t'accorder. C'est seulement alors que
> je me croirais vraiment aimée. Quant aux tours de force d'un
> certain genre, j'en profite, mais je ne les estime point et je te
> jure qu'il me semble que c'est parce que tu as été trop sublime
> sous ce rapport que je me suis senti du refroidissement. Il

> m'a semblé que c'était une manière trop vulgaire de me prouver ta tendresse. »[9]

La notation intéresse la même période de la vie de Beyle. Parlant de Milan, de Métilde, de sa douleur, il écrit :

> « Je vois en écrivant ceci que si le hasard, ou un peu de prudence, m'avait fait rechercher la société des femmes, malgré mon âge, ma laideur, etc, j'y aurais trouvé des succès et peut-être des consolations. Je n'ai eu une maîtresse que par hasard en 1824, trois ans après (la comtesse). Alors seulement le souvenir de Métilde ne fut plus déchirant. Elle devint pour moi comme un *fantôme tendre*, profondément triste et qui, par son apparition, me disposait souverainement aux idées tendres, bonnes, justes, indulgentes. »[10]

Ce fantôme tendre incarne l'état premier et final de l'amour, une béatification du passé. Un hasard a voulu que Métilde mourut peu de temps après la séparation et la comtesse Daru était déjà morte depuis 1815, en couche comme sa mère. La galerie des créatures idéales obéit mystérieusement au destin de la passion primitive... Et Beyle est parfaitement conscient de la cause proche du fiasco lorsqu'il écrit dans les *Souvenirs d'égotisme* au début de son récit : « L'Amour me donna en 1821 une vertu bien comique : la chasteté. »[11]

Il n'est, bien entendu pas conscient de la cause éloignée, mais le mot qu'il emploie pour désigner en fait une impuissance est révélateur. Il reflète bien le souci inconscient : demeurer fidèle, se garder. La défaite accomplit le vœu de chasteté, et cela en un lieu où en principe la chasteté est bannie. C'est d'emblée récuser en totalité la scène de débauche à laquelle son apparence se prête. Il ajoute au demeurant :

> « *Malgré mes efforts*... me trouvant soucieux, MM. Lussinge, Barot et Poitevin arrangèrent une délicieuse partie de filles. »[12]

En dépit de l'épithète *délicieuse*, il manque visiblement d'enthousiasme. Cependant le bouquet de la fête, si j'ose dire, ne manque pas de charme :

> « Alexandrine parut et surpassa toutes les attentes. C'était une fille élancée, de dix-sept à dix-huit ans, déjà formée, avec des yeux noirs que, depuis, j'ai retrouvé dans le portrait de la duchesse d'Urbin par le Titien, à la galerie de Florence. »[13]

---

9. Citée par Martineau, *Le Cœur de Stendhal*, II, p. 82.
10. *Souvenirs d'égotisme*, p. 1404.
11, 12. *Souvenirs d'égotisme*, p. 1408.
13. *Souvenirs d'égotisme*, p. 1408.

et, un peu plus tard, il va la retrouver presque dans la posture, et le costume de la toile. Elle était « douce, point timide, assez gaie, décente. »[14]

On pense aussitôt que ces charmes mêmes sont trop conformes au canon de celles que l'on ne *fout* pas pour que la partie connaisse un dénouement normal. La fille incarne trop l'Italie, la grâce juvénile. Son prénom, Alexandrine, — Beyle y songe-t-il ? — est celui de la comtesse Daru. Le fiasco se prépare donc longtemps avant l'épreuve. Entre le moment où elle s'isole avec Lussinge et où celui-ci réapparaît, il s'écoule « un intervalle effroyable »[15]. Puis Beyle se souvient : « Je ne sais pas pourquoi l'idée de Métilde m'avait saisi en entrant dans cette chambre »[16]. En outre la vision angélique avait auparavant redoublé son angoisse :

> « Elle était adorable, je n'ai peut-être rien vu d'aussi joli. Il n'y avait point trop de libertinage, excepté dans les yeux qui peu à peu redevinrent plein de folie, et, si l'on veut, de passion. »[17]

Alexandrine rassemble donc en elle, en son apparence, une équivoque fascinante et paralysante : elle est ce qu'elle ne devrait pas être, elle n'est pas ce qu'elle devrait être. La conséquence ne nous surprend pas :

« Je la manquai parfaitement, *fiasco* complet »[18] et vous retrouvez même la transposition de sa passivité d'un domaine à l'autre sous la forme d'une pratique manuelle à laquelle, s'il faut en croire *le Journal*, il a assez souvent recours : « Je voulus revenir à ce jeu de main qu'elle refusa... »[19]

La défaillance était donc bien souhaitée, inscrite dans la situation et Beyle signale au passage, distraitement, quel aurait pu être le remède. Après avoir répété que, pendant dix ans, il n'était pas allé trois fois chez les filles, affirmation d'ailleurs démentie par la Correspondance[20], il revient sur le cas d'Alexandrine pour conter les étapes de sa carrière dans la galanterie :

> « J'ai rencontré dix fois Alexandrine dans le brillant équipage qu'elle eut un mois après, et toujours j'ai eu un regard.

---

14. *Souvenirs d'égotisme*, p. 1408.

15, 16, 17, 18, 19. *Souvenirs d'égotisme*, p. 1408.

20. Lettres du 16 octobre 1819 et du 8 février 1820. Toujours ce souci latent de se garder chaste auquel il manque... pour finir par obéir malgré lui. La figure maternelle se projette en Métilde : « *Mériter aux yeux de Dieu qu'elle m'aimât.* »

Enfin, au bout de cinq à six ans, elle a pris une figure grossière comme ses camarades. »[21]

Figure *grossière* qui faisait défaut dans le salon de la maquerelle et qui eut sans doute évité la mésaventure...

Celle-ci d'ailleurs ne se reproduira pas dans une situation
en apparence similaire. Je fais allusion à une autre partie de
filles, à Londres, chez les demoiselles de Westminster road. A
première vue, elle paraît infirmer l'analyse précédente puisque
c'est l'absence de vulgarité qui va éveiller le désir, mais un
élément nouveau entre en jeu.

Rappelons les circonstances : le domestique attaché à Beyle
et à son ami Barot fait office d'entremetteur entre ses maîtres
et des prostituées qui résident dans un quartier perdu de Londres, presque en banlieue, et l'équipée peut présenter des risques
contre lesquels ils sont mis en garde. C'est le danger même qui
décide Beyle, réussit à vaincre son habituelle répugnance :

> « J'avais un dégoût profond ; sans l'ennui de l'après-dîner
> à Londres quand il n'y a pas de spectacles et sans la petite
> pointe de danger, jamais Westminster road ne m'aurait vu ».[22]

Or Westminster road allait lui réserver une double surprise :
l'étrange exiguïté de la demeure et la personnalité des deux
filles :

> « Enfin le fiacre jurant nous arrêta devant une maison à
> trois étages qui tout entière pouvait avoir vingt-cinq pieds de
> haut. De ma vie je n'ai vu quelque chose de si petit. »[23]

et les hôtesses sont en harmonie :

> « Certainement sans l'idée du danger, je ne serais pas
> entré ; je m'attendais à voir trois infâmes salopes. Elles étaient
> menues, trois petites filles, avec des beaux cheveux châtains, un
> peu timides, très empressées, fort pâles. Les meubles étaient
> de la petitesse la plus ridicule. Barot est gros et grand, moi
> gros, nous ne trouvions pas à nous asseoir exactement parlant,
> les meubles avaient l'air faits pour des poupées. »[24]

Il est donc séduit et attiré, semble-t-il, par ce qui a contribué
à le refroidir chez Mme Petit. En réalité l'apparence d'Alexandrine manifestait une contradiction angoissante tandis que celle
des demoiselles menues la résout. La demeure lilliputienne dans
le quartier perdu, l'accueil et le maintien des filles font complè-

---

21. *Souvenirs d'égotisme*, p. 1409.
22, 23. *Souvenirs d'égotisme*, p. 1445.
24. *Souvenirs d'égotisme* p. 1445.

tement oublier qu'il s'agit de prostituées. L'aventure tient d'un rêve et cette réduction surprenante de la taille des acteurs est comme un rappel de l'univers enfantin. Beyle ne cesse de revenir sur cette petitesse qui le fascine. Non seulement les meubles sont faits pour des poupées, mais derrière la maison s'étend un jardin de poupée qu'ils vont visiter en troupe :

> « Il avait vingt-cinq pieds de long et dix de large. Barot et moi partîmes d'un éclat de rire. Là étaient tous les instruments d'économie domestique de ces pauvres filles, leur petit cuvier... leur petite cuve... Je fus touché et Barot dégoûté. »[25]

Il va rester, attendri en effet :

> « Leur misère, tous ces petits meubles bien propres et bien vieux m'avaient touché. »[26]

et la scène va prendre une tournure imprévue : pas de libertinage, mais un thé où l'on converse avec gentillesse, paisiblement, en compagnie de petites filles intimidées !

Nous voici loin du style français, nous voilà proches d'un état perdu et conservé, celui de la sensualité infantile prégénitale ; et l'atmosphère plonge dans la tonalité amoureuse à laquelle va sa prédilection, celle qui préserve sa fidélité au passé, au fantôme, celle de la tendresse :

> « Alors je fus comme avec des amis tendres que je reverrais après un voyage d'un an. »[27]

et, détail significatif, lorsque le moment vient de monter dans les chambres, alors que toute la scène chez Mme Petit, la maquerelle, était prise sous un éclairage brutal, éclairage qu'au reste Beyle veut d'abord conserver, on éteint ! La délicatesse de la demoiselle menue va jusqu'à nous faire retrouver la nocturne des romans... Beyle est à tel point séduit par ce climat qu'il y reviendra le lendemain :

> « Je ne pensais qu'à la soirée bonne, douce, tranquille qui m'attendait... Elles furent parfaitement heureuses, mais leurs transports étaient tranquilles et décents. Rien de plus décent que toute leur conduite. Nous savions déjà cela. »[28]

Cette décence qui imprègne tous les romans ainsi que la nostalgie de cet état retrouvé en 1821 par hasard dans une rue

---

25, 26. *Souvenirs d'égotisme*, p. 1446.
27. *Souvenirs d'égotisme*, p. 1446.
28. *Souvenirs d'égotisme*, p. 1447.

perdue du grand Londres et qui marque avec force non seulement que sexualité et tendresse sont incompatibles, mais que
la première n'est supportable que si elle tait son nom. Mieux
vaudrait d'ailleurs souvent qu'elle soit éliminée...

On a tendance à privilégier dans *Armance*, la peinture du
babilanisme et de ses effets chez Octave sans prêter assez attention à la complaisance de Mlle de Malivert pour une sorte
de mariage blanc :

> « J'ai une proposition à vous faire « déclare-t-elle vers la
> fin à son fiancé » revenons à un état parfaitement heureux et
> à cette douce intimité qui a fait le charme de ma vie depuis
> que j'ai su que vous m'aimiez, jusqu'à cette fatale idée de
> mariage... Nous n'en passerons pas moins notre vie ensem-
> ble. »[29]

Complaisance qui se retrouve dans un roman inachevé de
la fin de sa vie : *Feder ou le Mari d'Argent.*

Le début, seul rédigé, décrit une sorte de marivaudage an-
xieux, fondé sur les délices d'un sentiment qui ne s'avoue pas,
qui ne passe pas encore par la profération, au-deçà, semble-t-il,
de l'opposition *mutisme actif-parole* :

> « Il faut que ce soit elle qui me demande ce mot d'amour,
> s'était-il dit dans les commencements, mais les vrais motifs de
> sa conduite étaient bien différents ; il trouvait une volupté
> parfaite dans l'extrême intimité qui sur toute chose s'était
> établie entre Valentine et lui. Si je veux faire un pas en avant...
> Je me prive tous les soirs d'une heure délicieuse... qui dans le
> fait est l'âme de ma vie... Si elle cède, il en sera comme de
> toutes les autres ; au bout d'un mois ou deux, je ne trouverai
> plus que l'ennui où je venais chercher le plaisir. »[30]

Il est bien vrai qu'il n'a pas changé tout au long de sa vie,
comme il le proclame dans *la Vie de Henri Brulard*. L'examen
de la vie sexuelle confirme la persistance de l'équation primitive : fixation de la libido à un stade infantile, ayant pour
effet le divorce entre sentiment et plaisir, augmenté d'une répugnance qui ira croissante pour le plaisir sous le masque du
libertinage ; passivité qui tend vers le masochisme ; la parole
qui s'élance en une conjuration indéfinie et précaire de ces
divers troubles... auxquels il faudrait peut-être adjoindre un
penchant homosexuel étouffé.

---

29. *Armance*, p. 274.
30. *Feder ou le Mari d'Argent*, p. 512, in *Romans de Stendhal.*

Il est difficile ici de s'avancer beaucoup. Les textes sont trop rares et trop peu explicites. Il y a la note du 26 mai 1814, sur le trouble qu'il éprouve à contempler un bel officier russe :

> « Cet aimable officier, si j'avais été femme m'aurait inspiré la passion la plus violente, un amour à la Hermione. J'en sentais les mouvements naissants : j'étais déjà timide. Je n'osais le regarder autant que je l'aurais désiré... Si une femme m'avait fait une telle impression, j'aurais passé la nuit à chercher sa demeure. »[31]

Toutefois il y a le « si j'avais été femme », et qui n'a jamais éprouvé d'émotion ambiguë en présence d'une beauté masculine parfaite ?

Les commentateurs citent aussi les remarques sur le buste d'Antinoüs dans l'*Histoire de la Peinture en Italie*[32], les propos rapportés par P. Mérimée dans *H.B.*[33]... De ces propos, d'une relative banalité, on peut seulement déduire que Beyle était un esprit libre, et nous le savions. Il faudrait à la rigueur les rapprocher de certains passages d'*Armance* pour qu'un soupçon nous effleure. Il s'agit de l'intimité entre Octave et sa mère, de la beauté un peu trop suave du jeune homme sur laquelle l'auteur insiste et conclut même son livre :

> « Le sourire était sur ses lèvres et sa rare beauté frappa jusqu'aux matelots chargés de l'ensevelir. »[34]

Rien ne permet de repousser l'idée, à s'en tenir au texte, que le secret eut été l'inversion et non l'impuissance ; rien non plus ne la confirme... Il y a enfin dans le *Journal* cette notation énigmatique :

> « Que les faveurs des femmes soient pour les laquais de Widmann. Ces jouissances sont la seule pâture des âmes qui n'ont pas ce doux sentiment du sublime.

---

31. *Journal*, p. 1256.

32. Les pédants ne prononcent le nom de cet aimable enfant qu'avec une horreur très édifiante au collège ; mais jusqu'ici on n'a vu aucun de ces messieurs mourir pour son ami. Une des sources les plus fécondes du *baroque* moderne, c'est d'attacher le nom de vice à des actions non nuisibles ». *Histoire de la Peinture en Italie*, note.

33. « Beyle avait fait un drame de la vie de Jésus... Jésus dans ce drame exploitait à son profit la doctrine de Socrate. — Y a-t-il de l'amour dans votre drame ? lui demandai-je. — Beaucoup. Et saint Jean, le disciple chéri ? ». Il soutenait que tous les grands hommes ont eu des goûts bizarres, et citait Alexandre, César, vingt papes italiens ; il prétendait que Napoléon lui-même avait eu du faible pour un de ses aides de camp. » H.B., cité par Martineau, *Le Cœur de Stendhal*, tome I, p. 325.

34. *Armance*, p. 303-5. Beyle dans ses notes interfoliées précise : « défaut physique comme Louis XVIII, etc » Cf. exemplaire Bucci.

La jouissance de sous-lieutenant de Puis, couchant avec son camarade duc de Richelieu et le matin prenant la belle robe de chambre, était pour moi être jeté dans un fumier d'abattoir... »

Le rendez-vous donné au beau laquais de Como. »[35]

S'agit-il d'une expérience ? On l'ignore... Le dossier est vraiment trop mince pour autoriser à conclure au-delà d'une tentation banale ou peut-être seulement d'une curiosité dans la ligne de la sensibilité imaginative de l'écrivain, proche de celle du comédien qui cherche à éprouver par sympathie ce qu'il joue, partant à inverser ses sensations et à tenter de comprendre celle de l'autre sexe (et je serais tenté de faire un rapprochement avec certaines nouvelles de Balzac où apparaît le thème de l'androgyne : *Seraphita*, et celui de l'ambiguïté sexuelle : *Sarrazine*). Dans les *Chroniques Italiennes* et dans quelques nouvelles le déguisement joue souvent dans ce sens. Ainsi l'héroïne de *Vanina Vanini* se déguise en page pour pénétrer dans la chambre d'un cardinal et trouve chez elle un carbonaro travesti en femme.

Plusieurs articles des *Privilèges* reflètent cette propension à éprouver les sensations de l'autre par sympathie[36] :

« Vingt fois par an le privilégié pourra se changer en l'être qu'il voudra, pourvu que cet être existe. » (art. 3) Ce privilégié pourra de même s'unir à un animal de façon à lui inspirer ses volontés et à partager ses sensations : « Quatre fois par an, il pourra se changer en l'animal qu'il voudra ; et ensuite se rechanger en homme. Quatre fois par an, il pourra se changer en l'homme qu'il voudra ; plus, concentrer sa vie en celle d'un animal, lequel, dans le cas de mort ou d'empêchement de l'homme N° I dans lequel il s'est changé, pourra le rappeler à la forme naturelle de l'être privilégié. Ainsi le privilégié pourra, quatre fois par an, et pour un temps illimité chaque fois occuper deux corps à la fois. » (art. 7)[37]

Le douzième article nous le montre encore

« transformé en mouche, par exemple, et monté sur un aigle. Il ne fera qu'un avec cet aigle. »[38]

Cependant ces fantaisies intéressent autant et davantage la déchirure qu'il porte en lui, ce divorce entre sensualité et tendresse, effet de l'histoire affective que nous venons de retracer.

---

35. *Journal*, 4 janvier 1816, p. 1280. En romain dans le texte.
36. *Les Privilèges* du 10 avril 1840, p. 1525.
37. *Les Privilèges*, 7, p. 1526.
38. *Les Privilèges*, 12, p. 1528.

Car l'équivoque des sensations, ne l'oublions pas, fonde aussi le malheur et l'échec. Elle est responsable du malentendu fatal : que la sensualité ne puisse jamais être éliminée là où devrait régner la pure tendresse et qu'à l'inverse... Le corps contamine la parole et celle-ci contamine le corps. La menace de *chute* subsiste dans l'une et l'autre situation parce que l'on ne réussit jamais à être ce que l'on voudrait être. Les rêves de métamorphose, surtout celles de l'homme en animal, exaucent le souhait d'échapper à cette infirmité. L'animal, lui, est seulement ce qu'il est et vit son destin sans ambiguïté ; il suit la loi de son espèce. Il est à remarquer que *les Privilèges* renforcent toujours la puissance d'une manière univoque, tantôt dans un sens tantôt dans l'autre. Ainsi la *mentula* d'un côté croît en longueur, mais de l'autre le privilégié : « Cent fois par an, (il) saura pour vingt-quatre heures la langue qu'il voudra. »[39], compensant par une puissance de parole multipliée les faiblesses antagonistes. De même la bague magique de l'article quatre a pour fonction d'éveiller chez la femme le sentiment désiré en sa pure essence, sans qu'il puisse y avoir d'équivoque, et l'on ne s'étonnera pas de la nature du rite qui provoque la tendresse : il faudra que la bague ait été tenue en bouche ou enduite d'une secrétion de cette bouche dont nous savons maintenant l'importance et la fragilité :

> « Le privilégié, ayant une bague au doigt et serrant cette bague en regardant une femme, elle devient amoureuse de lui à la passion, comme nous voyons qu'Héloïse fut d'Abélard. Si la bague est un peu mouillée de salive, la femme regardée devient seulement *une amie tendre et dévouée*. »[40]

Bien plus dans l'article huit cette pratique buccale entraîne l'invulnérabilité :

> « Quand... il portera sur lui ou au doigt pendant deux minutes une bague qu'il aura portée un instant dans sa bouche, il deviendra invulnérable pour le temps qu'il aura désigné. »[41]

Les autres privilèges vont encore dans le sens de nos analyses : invulnérabilité et puissance !... Nous avons vu comment les infirmités du corps, en secrète correspondance avec l'histoire de l'inconscient, allaient plus tard se porter tragiquement au

---

39. *Les Privilèges*, 3, p. 1525.
40. *Les Privilèges*, 4, p. 1526.
41. *Les Privilèges*, 8, p. 1526.

devant des souhaits magiques. Durant les accès préliminaires du mal qui devait emporter Beyle « excepté l'usage des mots, il jouissait de toutes les propriétés naturelles de l'animal. »[42] Comme il se produit souvent, et en vertu de quel mystère ? la mort résout chez l'écrivain les contradictions qui l'ont porté à écrire. Elle est en même temps celle qu'il a toujours pressentie, depuis la première chute de parcours entre les deux êtres à qui allait sa tendresse d'enfant...

---

42. *Correspondance*, à Di Fiore, 5 avril 1841, p. 339.

CONCLUSIONS

La chute ultime dans la rue Neuve-des-Capucines, et dans les parages d'un théâtre, nous met au terme de cette enquête, dont il convient de rappeler les étapes.

Nous étions partis, sans idées préconçues, d'une lecture de *la Chartreuse de Parme* pendant laquelle la présence insistante de certains thèmes nous avait frappés : le vain refus de la filiation paternelle, la recherche de substituts de la maternité, la régression vers l'enfance sous la forme de la prison bienheureuse, le passage par un épisode qui évoque le complexe œdipien, l'importance du nocturne et de la vision interdite.

Ces thèmes amenaient à reconsidérer la manière dont Stendhal avait pu composer son roman : en réalité l'improvisation obéissait à une nécessité, ce qui vérifiait une fois de plus l'hypothèse freudienne sur l'association des mots. *La Chartreuse de Parme* dont l'aisance et la liberté d'écriture excite tant l'admiration apparaissait dominée par des mécanismes oniriques. Au centre de l'imagination stendhalienne, on percevait l'empreinte du noyau œdipien. Ses effets diffus soustendaient l'ordre architectonique du livre, ses multiples références symboliques et mythiques. Ces références, il s'agissait non pas de les recenser, de souligner leurs filiations avec les mythes collectifs, mais de chercher à comprendre comment et pourquoi l'imagination stendhalienne ne s'était trouvée aimantée que par telle ou telle structure. Cette recherche devait emprunter une voie qui, à partir du texte, passait par l'auteur, par son histoire et sa préhistoire affective.

Une telle approche impliquait le recours aux schèmes de la psychanalyse, mais non sans certaines précautions. Il faut avouer que la psychanalyse n'explique guère pourquoi un homme a cherché à surmonter ses conflits par la pratique de l'écriture plutôt que par un moyen autre, pourquoi Henri Beyle devint Stendhal. N'était-ce pas aussi risquer de réduire outre mesure

la portée de son œuvre qui, faut-il le dire, outrepasse infiniment
ses racines lointaines. Je n'ai jamais pensé qu'une seule et unique approche existât. *La Chartreuse de Parme*, ainsi que les
autres grands romans s'insère par exemple dans le contexte
d'une certaine culture et d'une certaine société. Il y avait toutefois là une telle évidence, renforcée par tant d'études, que
j'ai estimé avoir plus de chance, en me bornant à ce point de
vue relativement étroit, de dégager et de comprendre certains
traits singuliers de l'univers stendhalien.

La méthode en effet devait n'être pas sans fruits, confir-
mant la plupart de nos pressentiments, d'abord de l'importance
extrême de la première enfance dans la destinée de l'écrivain.
Les relations parentales dominent l'existence de Beyle aussi bien
que les écrits de Stendhal. Le complexe d'Œdipe, objet de tant
de controverses, perceptible dans certains romans, *la Chartreuse
de Parme* entre autres, est chez l'auteur une réalité, trop manifeste dirait-on, puisque Beyle, comme nombre d'écrivains ignorant la psychanalyse ou vivant à une époque antérieure à son
apparition, le souligne avec force dans ses textes autobiographiques les moins suspects de déguisements. Il sait ce que les
poètes ont toujours su, ces poètes dont Freud lui-même a rappelé la prescience... il a été amoureux de sa mère, amour exalté
et déchiré par la mort précoce et accidentelle de celle-ci ; il a
été hostile à son père, il a souhaité avec passion, du moins dans
son enfance, sa disparition. Son caractère, ses thèmes d'écrivain
ont été marqués avec une grande force par les premières années
de la vie. Là, un destin s'est forgé et l'on a vu l'usage littéraire
que Stendhal en a fait, les souffrances qu'il a ménagées à Beyle.
Je songe ici à la réflexion de Sartre, dans son étude sur *Flaubert* :

> « Le passé préhistorique revient sur l'enfant comme Destin
> c'est la source d'impossibilités permanentes... et c'est aussi
> la matrice des inventions les plus singulières. »[1]

Nous avons vérifié l'un et l'autre. Cependant là n'est peut-
être pas le plus intéressant. Encore une fois, le destin de Beyle
n'implique pas directement les inventions propres à Stendhal.
Ce destin ne serait-il pas, s'il faut en croire la psychanalyse, un
lot commun ? Sartre dans son livre, ne cherche-t-il pas longuement le passage à la singularité de l'œuvre sans la trouver ?
Il en distingue la source non pas dans le rapport parental lui-

---

1. Sartre, *L'Idiot de la famille*, I, p. 55.

même, mais dans certains accidents qui viennent altérer ce rapport. Il y a là une difficulté à laquelle nous n'avons pas manqué de nous heurter. Elle incite à penser que la référence à l'Œdipe ne fait guère avancer dans l'explication, qu'il faut chercher dans la manière dont l'Œdipe a été vécu, dans ce qui n'est pas donné, mais dans ce qui survient. Le Destin ne serait pas l'antique Fatalité, mais un mixte de nature et d'histoire.

Dans le cas Beyle/Stendhal, on remarque d'abord que les limites entre l'histoire et la préhistoire jouent un rôle par leur imprécision. Il ne perd pas sa mère à trois ans, mais à sept. La date signifie que la personne et l'image d'Henriette ont appartenu en partie au domaine de la parole. L'enfant a pu en avoir de véritables souvenirs, l'évoquer à l'aide des mots, mais le plus curieux, c'est qu'à tout prendre il n'y ait guère plus qu'une dizaine de lignes dans l'œuvre sur ce thème majeur (et chez Proust des centaines de pages). Celui-ci est donc, quoique conscient, beaucoup plus profondément occulté qu'il ne devrait l'être. La parole est contrainte et cette contrainte doit être évidemment mise en rapport avec les masques de l'écrivain futur. Les raisons de cette réserve ne tiennent pas toutes non plus au sentiment qui le lie à sa mère, mais au devenir de la parole, à partir du moment où les mots prennent en charge un passé jusque là purement vécu. Moment plein de mystère, sans doute à jamais impénétrable, puisqu'il faudrait se souvenir de la circonstance même où la fusion du mot et de la chose donne naissance à un existant de plus qui, de proche en proche, remodèle en entier l'ancien monde... Ainsi, dans la mesure où la relation maternelle déborde sur le plan linguistique, les cartes sont brouillées, il y a place pour une réinterprétation future de la protohistoire du sentiment ; il y a place pour l'interprétation et la réinterprétation des circonstances, en l'occurrence, comme nous l'avons souligné, celles du deuil nocturne et celles de cette chute sur la bouche aux conséquences sanglantes.

Ces deux scènes seront d'ailleurs par la suite fortement dramatisées et l'on pourrait, dans une perspective psychanalytique stricte, y voir comme nous le disions l'origine de l'agressivité dirigée un temps contre l'image maternelle si l'enfant, comme le prétend Mélanie Klein, retourne sa haine contre la personne qu'il aimait et qu'il a perdue[2]. Sur un plan plus général,

2. Mélanie Klein, *Essais de Psychanalyse*, (Voir page suivante).

on aperçoit le rôle qu'a pu jouer dans la formation du caractère de Beyle et partant dans l'imagination de l'écrivain, cette réinterprétation, désignée par Freud sous le terme de *fantasme rétroactif*, ou encore sous celui de *roman familial*.

Sur cette notion de fantasme rétroactif, Freud s'explique de manière particulièrement intéressante. Après avoir rappelé que l'analyse met à jour l'Œdipe tel que la légende le raconte, que chaque névrosé a été lui-même un Œdipe ou est devenu un Hamlet dans sa réaction à l'égard du complexe, il poursuit :

> « Avons-nous le droit d'attribuer à ces tendres années d'enfance ces mouvements affectifs extrêmes et nets ou bien l'analyse nous trompe-t-elle en y mêlant un nouveau facteur ? »[3]

Je serais tenté de transposer ces lignes en demandant : Stendhal nous trompe-t-il à son corps défendant (ou le critique se trompe-t-il) sur le cas de Beyle lorsqu'il se souvient ? La suite des réflexions de Freud répond en partie à la question :

> « Chaque fois qu'un homme parle d'une réalité passée - fut-ce un historien - nous devons prendre en considération ce qu'il emprunte sans le vouloir au présent ou à une époque intermédiaire pour le reporter rétrospectivement dans le passé ; il en résulte une falsification de l'image du passé. Dans le cas du névrosé, on peut même se demander si ce report rétrospectif est tout à fait dénué d'intention ; nous aurons à en découvrir plus tard les motifs, et à rendre compte de l'existence de ce fantasme rétroactif qui se reporte à un passé reculé. »[4]

La question des mécanismes de défense mise à part, c'est reconnaître avec netteté l'importance de l'histoire dans la formation du Destin. L'existence du phénomène montre en outre pourquoi l'écrivain ne peut se faire son propre analyste. Stendhal reconnaissait déjà :

> « On se connaît, et on ne se change pas, mais il faut se connaître. »[5]

---

2. Mélanie Klein. Suite.
   « Les désirs que l'enfant éprouve à l'égard de ses parents... s'accomplissent effectivement chaque fois que meurt une personne aimée, car celle-ci représente nécessairement, jusqu'à un certain point les premiers objets et attire donc vers elle les sentiments qui leur sont destinés. Sa mort, si bouleversante qu'elle soit, est également ressentie comme une victoire, donne lieu au triomphe et par conséquent à une culpabilité accrue », p. 352.

3, 4. Freud, *Introduction à la Psychanalyse*, p. 316.

5. Stendhal, *Journal*, 4 juillet 1814, p. 1258.

Cependant vous distinguez ici comment, en vertu de cet échec même, en ne supprimant à peu près rien des troubles qui incitent à prendre la parole, l'écrivain construit, pourrait-on dire, une fiction de lui-même, mais fiction qui est amenée à devenir vérité dans la mesure où l'auteur adhère à ce que son interprétation lui révèle. Nous rejoignons ainsi la pensée de Starobinski déjà citée : « L'œuvre est à la fois sous la dépendance d'un destin vécu et d'un futur imaginé »[6]. J'ajouterais que dans cette perspective le projet et l'acte d'écrire peuvent apparaître comme la mise en œuvre d'une immense amplification du fantasme rétroactif. Là résiderait le secret de la puissance de l'imaginaire, travail sur de l'histoire rêvée.

Pour revenir au cas de Beyle/Stendhal, nous tiendrions l'explication de sa conduite étrange devant l'existence, où se mêleraient la pression du donné et l'incitation du construit. Il faut encore citer Freud dont les lignes suivantes paraissent s'appliquer à merveille à l'écrivain :

> « Nous trouvons aussi sans peine que la haine pour le père est renforcée par de nombreux motifs qui ont leur origine dans des temps et des relations ultérieurs ; que les désirs sexuels orientés vers la mère se coulent dans des formes qui, pour l'enfant, devaient être encore étrangères. »

mais il s'empresse, bien entendu, d'ajouter :

> « Cependant ce serait peine perdue que de vouloir expliquer la totalité du complexe d'Oedipe par le fantasme rétroactif et de le faire dépendre d'une époque plus tardive. Le noyau infantile et une quantité plus ou moins grande d'éléments annexes persistent : c'est ce que confirme l'observation directe de l'enfant. »[7]

Pour ma part, s'agissant de l'écrivain, non du névrosé ordinaire, et si l'on songe au rôle joué par le langage à l'état naissant souligné plus haut, j'avoue une grande perplexité, j'avoue tendre à accorder beaucoup au fantasme rétroactif ou mieux à la réinterprétation linguistique. On a pu constater à quel point l'attitude à l'égard du père a été précisément réinterprétée, la manière bizarre dont elle se manifeste dans les fictions ; à quel point aussi la thématique stendhalienne est influencée par les circonstances contingentes (deuil nocturne, chute, etc.) qui gravitent autour du noyau infantile proprement dit. J'inclinerais

---

6. Jean Starobinski, *La relation critique*, p. 283.
7. Freud, *Introduction à la psychanalyse*, p. 316.

à croire que l'influence du contexte fut prépondérante, au sens large du terme, c'est-à-dire que j'entends par contexte cet ensemble d'événements infrahistoriques et historiques qui ont convergé pour donner à Beyle cette enfance-là, avec ses traits qui en font une enfance unique où, comme il le dit si bien :

> « Par suite du jeu compliqué des caractères de ma famille, il se trouva qu'avec ma mère finit toute la joie de mon enfance »[8]

mais aussi que ce deuil fut ancré dans sa mémoire par la dramatisation relative à la mort nocturne, qu'il dut subir la tyrannie de la tante Séraphie, maîtresse probable de son père, Séraphie envers qui la haine fut mêlée de désir ; qu'il fit une chute sur la bouche, qu'il fut solitaire et entouré seulement de personnes âgées appartenant à la haute bourgeoisie de province ; que cet ensemble dut être remodelé par les mots...

Dans cette perspective, la situation œdipienne primitive fait davantage figure de donnée plutôt que d'agent actif du destin. La fusion singulière de cette donnée avec l'environnement historique détermine en définitive l'attitude globale de l'individu, son insertion dans le monde, sans oublier, bien sûr, ces limitations archaïques sur lesquelles, par malheur, nous ne savons presque rien, aussi bien dans le cas de Beyle que dans celui de Flaubert[9].

Il suffit pour s'en convaincre de comparer en survol la destinée du premier avec celle d'autres écrivains chez qui la relation avec la mère a joué aussi un rôle prépondérant : Baudelaire, Nerval ou Proust.

Pour Baudelaire et Proust, les différences sautent aux yeux, aussi bien dans la perspective de leur enfance que dans celle de la transmutation par l'œuvre : ici un remariage malencontreux, là une enfance prolongée et trop choyée. L'analogie avec la destinée de Nerval ne peut être poussée très loin. Il y a bien chez lui une privation précoce de la mère, mais radicale. On sait qu'il était âgé de deux ans lorsque sa mère mourait aux confins polonais de l'Allemagne pour être inhumée au cimetière de Gross-Glogau : « Je n'ai jamais connu ma mère » dit-il quelque part. Il y aura poursuite du fantôme sous des incarnations

---

8. *La Vie de Henri Brulard*, p. 35.
9. Les déductions de Sartre me donnent souvent une impression de fantasmagorie.

multiples et surtout mythiques, mais qui ne voit que la tonalité de la quête, ses avatars, sa jonction avec l'occultisme, sa résolution dans la folie, nous mènent aux antipodes de l'univers stendhalien.

A chaque fois en effet, la réinterprétation, la fiction de soi-même, liée à la fusion de l'équation primitive avec la contingence de l'histoire ultérieure, est autre, et elle s'écrit autrement. Encore une fois, à supposer que toute personne se découvre un jour ou l'autre Œdipe, elle semble récrire à chaque fois une tragédie qui s'écarte du modèle, et il faut en voir la raison dans la structuration singulière du phantasme qui s'instaure à partir de la prise de conscience et qui se confond avec le rapport singulier que chacun d'entre nous entretient avec le langage...

Pourquoi aussi certains vont-ils privilégier le champ linguistique, à la fois en guise de parade-issue à la névrose et pour assumer leur condition d'être-au-monde, reste en l'occurrence le problème que la psychanalyse, je le répète, ne résout pas, si tant est que son rôle soit de le résoudre. Il faudrait remonter à cette seconde naissance que représente l'aventure de la jonction des mots avec le vécu pur, comme Sartre l'a montré si profondément. On pourrait dire que la psychanalyse ramène aux origines de l'énigme, nous replace devant l'oracle. Nous savons aussi que l'oracle ne répond jamais en clair à celui qui le questionne. Comme le dit Lacan, dans son propre langage :

> « Dans le recours que nous préservons du sujet au sujet, la psychanalyse peut accompagner le patient jusqu'à la limite extatique du « *tu es cela* », où se révèle à lui le chiffre de sa destinée mortelle, mais il n'est pas en notre seul pouvoir de praticien de l'amener à ce point où commence le véritable voyage. »[10]

En critique littéraire, le « *tu es cela* » n'est aussi qu'un commencement à partir duquel il faut s'efforcer de démêler la liaison complexe entre le passé et l'invention de soi-même, comme l'examen des grandes fictions stendhaliennes nous l'a montré. Cet examen a confirmé pour nous la fonction de l'art comme relation avec le monde par un détour, une tentative pour surmonter ce que cette relation pouvait comporter d'échecs et de malheur, en un mot une tentative pour faire mentir l'oracle. L'œuvre le fait en effet mentir, dans la mesure où celui qui écrit cesse de subir la fatalité. Il soustrait une part fondamentale de

---

10. Jacques Lacan, *Ecrits I*, « Le Stade du miroir... » p. 97.

lui-même au temps puisqu'il modifie son rapport initial avec le futur. Disons simplement qu'autre chose est, l'existence et l'enfance que nous venons d'examiner étant posées, d'être demeuré un fonctionnaire impérial puis un obscur consul à Civita Vecchia, ou d'être devenu celui que l'on lira, mettons en 1973. En passant de Beyle à Stendhal, le destin est devenu liberté.

Cependant, malgré la difficulté, sans se dissimuler que tout ce que l'on peut avancer en ce domaine reste sujet à caution, j'aimerais aller plus loin que ces généralités. Je m'y hasarderai à partir des brèves lueurs que cette étude a projetées ici et là sur la relation particulière que Stendhal/Beyle entretient avec le langage. J'ai parlé de *parole menacée*, d'un dilemme *acte-parole*, mais une contradiction apparente retient aussitôt l'attention : à l'inverse de celle de Flaubert, la parole de Stendhal est marquée par la facilité. Il s'insère, semble-t-il, dans le langage avec précocité, aisance et brillant. S'il faut l'en croire, et il y a peu de raisons ici pour ne pas lui faire confiance, il a parlé tôt[11], il étudie tôt, et avec le plus grand zèle. S'il est devenu un romancier sur le tard, autour de la quarantaine, la pratique de l'écriture survient dès la fin de l'adolescence. Le *Journal* commence à être tenu en 1801. Beyle a dix-huit ans et révèle une ambition exceptionnelle.

> « J'entreprends d'écrire l'histoire de ma vie jour par jour.
> Je ne sais si j'aurai la force de remplir ce projet déjà commencé à Paris. Voilà déjà une faute de français ; il y en aura beaucoup parce que je prends pour principe de *ne pas me gêner et de n'effacer jamais.* »[12]

Il faudrait, semble-t-il, que, comme dans le discours amoureux, il n'y eut pas une faille, pas un silence dans cette prise de parole impérieuse. Le *Journal* en effet ne s'interrompt que pour permettre la rédaction de lettres abondantes, longues, parfois interminables, une cataracte de mots qui vont inonder surtout sa sœur pendant les dix premières années, tandis que par ailleurs, il remplit cahier après cahier d'analyses de ses lectures, de réflexions sur les pièces de théâtre qu'il a vues, sur celles qu'il compose, de traductions diverses, de portraits, etc. On est saisi de vertige devant cette marée qui ne cesse de monter, devant cette loquacité indéfinie, intarissable, où les romans célèbres finissent par faire figure de rares îles perdues dans une im-

---

11. *La Vie de Henri Brulard*, p. 42.
12. *Journal*, 18 avril 1801, p. 401. En romain dans le texte.

mensité océanique de projets, d'ébauches, de fragments intéressant presque tous les sujets. Pourquoi donc faut-il qu'il n'y ait jamais de silence, en dépit de l'inégale qualité des textes ou de l'inachèvement, rançon de cette fringale ?

On peut avancer d'abord qu'à partir du moment où il a choisi de jouer son destin sur le texte écrit, toute lacune, toute interruption fait retomber dans l'état antérieur et ce danger pour Stendhal semble avoir été si redoutable qu'il lui a le plus souvent fait préférer l'inachevé à la halte. Tout se passe comme si le temps vécu pendant la rédaction d'une œuvre ne laissait aucune trace dans l'intervalle qui sépare de la suivante. La destinée d'écrivain qui se bâtit de livre en livre reste d'une certaine manière extérieure à celui qui écrit. La relation de Beyle avec Stendhal ressemble à celle du Dieu de Descartes avec l'univers créé. Si Dieu cesse un instant de le soutenir, il s'effondre, retourne au néant. Si la loquacité est continue, le discours écrit est spasmodique : pas d'acquis ! Beyle ne *continue pas* d'écrire, mais il *recommence toujours* comme si rien n'avait été rédigé et sans jamais être certain de pouvoir animer à nouveau le monde des **mots**.

Cependant cette passion, tout artiste est voué à la subir et la plupart consentent à l'assumer ; lui s'y refuse. Il ne peut pas. Il faut que les mobiles aient été très puissants. L'examen de la vie sentimentale nous a permis de soupçonner leur nature. Nous nous souvenons : la loquacité servait de parade à une menace, celle du monde sexuel et ses *chutes* possibles. Aussi longtemps que l'amoureux parle, il garde une sorte de maîtrise précaire sur l'événement, dans la mesure où la parole de l'autre n'a pas loisir de s'élever. Ainsi il diffère indéfiniment la réponse, qu'il pressent bien sûr négative. A la limite, il n'y aurait jamais de réponse et la perpétuation d'un espoir-sursis. La prise de possession du langage a pour corrélatif le silence d'autrui. Dans un tel contexte, il est préférable, il laisse tout en suspens...

Beyle se plaint de la rareté des réponses de sa sœur, mais n'en continue pas moins de lui écrire sans se lasser. Il se comporte comme si l'interlocuteur ou le correspondant n'était qu'un prétexte pour discourir, de même que dans le roman, l'auteur intervient sans cesse, s'adresse au lecteur, sachant pertinemment que celui-ci ne peut rien répondre, qu'il n'est qu'une entité sans visage, déduisible de l'existence du livre, possible, mais non nécessaire, quasi intemporelle puisque son apparition est souvent située dans un futur incertain.

Cette attitude devant le langage s'apparente au soliloque, au discours pour soi-même, mais aussi à la prise de parole destinée à qui ne peut répondre ou qui ne le peut plus par son absence, mais à qui par ce discours soutenu on parvient encore à conférer une sorte d'existence fictive, telle celle du lecteur. Une telle conduite est aussi archaïque. De même un enfant s'adresse à des objets inanimés, à des animaux en carton en faisant lui-même les réponses, à moins qu'il n'ait la conviction intime qu'un jour ou l'autre ces êtres vont sortir de leur mutisme. Ce discours imaginaire est moins éloigné qu'il ne le paraît de ceux que nous tenons aux morts... La continuité de la parole peut avoir été à l'origine chez Beyle une défense, une réaction contre l'absence. Avec la mort d'Henriette, c'est le silence qui s'établit autour de lui. Les mots des autres ont perdu toute chaleur. Cependant tant qu'il parle, qu'il lui parle, d'une certaine manière elle continue d'exister : « Je ne comprenais pas la mort ». Aussi longtemps qu'il recrée, qu'il réinterprète le passé, il le sauve du néant. Le travail sur l'histoire rêvée qui prend le relais a une dimension résurrectionnelle, ainsi que la tradition orale chez les peuples sans écriture. Le récit fait être comme le rituel vocal de la magie.

Il importait donc pour que ce lien linguistique devenu existentiel fût maintenu, d'être le plus vite possible, et le mieux possible, en possession de la langue, d'avoir une maîtrise sur les mots et leur syntaxe, d'être à même de toujours parler. L'insertion dans le langage tenait d'un salut et il n'est pas indifférent que l'apprentissage se soit fait en partie dans la chambre close de la défunte, close pour tous hormis lui seul :

> « A douze ans, un prodige de science pour mon âge, je questionnais sans cesse mon excellent grand-père dont le bonheur était de me répondre. J'étais le seul être à qui il voulut parler de ma mère. Personne dans la famille n'osait lui parler de cet être chéri. »[13]

Les progrès chez l'enfant sont fonction de l'amour. La maîtrise des mots était une forme de fidélité. On sait que presque toute sa vie il prendra des leçons. Il est significatif que, dans *la Vie de Henri Brulard*, après cette triple association du grand-père aimé, du culte de sa mère morte et de l'éloge du savoir, apparaisse à quelques lignes de distance le souvenir d'une gravure illustrant un ouvrage de Court de Gebelin qui appartenait

---

13. *La Vie de Henri Brulard*, p. 96-97.

à son père. La gravure représente les organes de la voix chez l'homme.

Il s'agit donc d'abord de virtuosité verbale et nous savons qu'elle ne va pas de pair avec la virtuosité de l'écriture. Le passage est souvent d'exclusion. R. Barthes, dans l'un de ses premiers ouvrages, distinguait là deux dimensions du langage, l'une horizontale, l'autre verticale[14]. Cette maîtrise première pourrait expliquer les difficultés futures du romancier. La persistance tenace de la virtuosité verbale dans le roman est à noter : les héros stendhaliens font toujours leurs preuves par un beau discours ou lors d'un examen oratoire. L'exemple qui vient à l'esprit est celui de Sorel quand il éblouit la famille Rênal en récitant par cœur des passages de la Bible qu'il se fait ouvrir au hasard, puis l'évêque de Besançon par des récitations copieuses de vers latins ; et curieusement l'exploit qui relève de la prouesse de mémoire est tenu pour un brevet d'intelligence[15].

Parler est donc la vertu cardinale et il est compréhensible qu'il ait songé d'abord à édifier une œuvre qui se parle, suspendue aux organes de la voix :

> « A dix ans, je fis en cachette une comédie en prose ou plutôt un premier acte »[15],

révèle-t-il aussitôt après avoir signalé l'existence de la gravure, et nous savons qu'il aura l'ambition opiniâtre de devenir un grand auteur de comédies. Tout se tient ici : l'homme de théâtre est celui qui profère, qui maintient la communication entre l'écriture et la voix, qui anime des personnages en les faisant seulement parler.

Cependant, en même temps que Beyle privilégie l'expression orale, il ne cesse de renforcer les périls signalés plus haut. L'organe ainsi valorisé devient un trésor fragile à l'excès, telle la main du pianiste. L'acteur est comme le chanteur l'être qu'une altération de la voix, le silence tuent.

Cette défaillance terrible nous remet en mémoire l'accident : la chute de parcours infantile entre sa mère et le grand-père

---

14. « La Parole a une structure horizontale, ses secrets sont sur la même ligne que ses mots... Le style n'a qu'une dimension verticale, il plonge dans le souvenir clos de la personne. » R. Barthes, le *Degré zéro de l'Écriture*, p. 15.
Barthes maintient aujourd'hui la distinction. Il me précise seulement qu'il emploierait le mot *corps* au lieu de *personne*.

15. Cf. aussi l'examen au séminaire.

16. *La Vie de Henri Brulard*, p. 97.

Gagnon, plus exactement l'un de ces parcours chancelants pendant lequel il se casse un jour deux dents de devant en tombant sur le coin d'une chaise, l'une des rares images qui émergent de sa préhistoire. Cette survivance atteste l'importance de l'événement, comme la persistance du thème de *la bouche ensanglantée* et celui de *la chute*. La valorisation s'accorde avec la menace. L'élection de la parole, la loquacité sont finalement investies d'une formidable charge affective double et ambivalente. Sur le souci de maintenir le dialogue-soliloque avec le fantôme se greffe la peur obscure d'être frappé de mutisme, fiasco dont vous apercevez avec facilité la liaison avec ceux de la vie amoureuse. La virtuosité oratoire relève donc aussi de la compensation. Pour exorciser le danger de mutisme, le mieux n'est-il pas de vérifier sans cesse l'intégrité de ces organes représentés sur la gravure, de ne jamais se taire, de s'exercer sans relâche pour se mettre à l'abri d'une défaillance ? C'est pourquoi nous disions que la parole de Stendhal était une *parole menacée*. On constate maintenant qu'elle n'est si brillante, si abondante, si intarissable qu'en fonction de cette menace. Elle demeure soustendue par le trac de l'acteur à qui soudain, bouche ouverte, la réplique manque. Le monde s'écroule, la mort étend son ombre...

Le silence de l'intertexte dont nous parlions tout à l'heure ne pouvait donc être supporté. Je me demande même si un trait du récit stendhalien qui a souvent retenu l'attention : l'ambiguïté des sources narratives, ne pourrait pas s'expliquer par ce biais.

L'auteur se pousse sur le devant de la scène, intervient par une réplique, disparaît, redonne la parole à un personnage pour la lui reprendre quelques lignes plus loin... Tous procédés, je le rappelle, étudiés dans le détail par G. Blin[17] ; comédie du travertissement, certes, prolongement du souci de ne pas laisser autrui répondre, mais aussi, dans cette perspective, souci de donner le change sur l'origine de la voix. Son brouillage est fuite devant la responsabilité. Lorsqu'il n'est plus possible de savoir qui parle, les conséquences d'une coupure du discours peuvent paraître amoindries. Sur un autre plan, la pratique de la traduction infidèle ou de la pseudo-traduction offre à cet égard des subterfuges bien commodes. Par exemple :

---

17. *Stendhal et les problèmes du roman*, le chapitre sur les intrusions d'auteur.

« Je crois devoir passer sous silence beaucoup de circonstances qui à la vérité, peignent les mœurs de cette époque,
mais qui me semblent tristes à raconter. L'auteur du manuscrit romain s'est donné des peines infinies pour arriver à la
date exacte de ces détails *que je supprime.* »[18]

La voix est bien coupée, censurée ! Et le procédé est d'usage
courant dans *l'Abbesse de Castro.* L'auteur se couvre à l'avance
contre l'accident, si par malheur l'improvisation heureuse se
tarissait. Je serais tenté de voir aussi dans la soudaine dépos-
session de la parole que les personnages subissent, soit par l'intrusion soit par le commentaire marginal, une sorte d'équivalent de la pratique théâtrale du souffleur, cette voix en coulisse
qui sauve l'acteur du fiasco... sans toujours y réussir, comme
les innombrables inachevés en témoignent, fiasco que l'on pallie
tant bien que mal par la traduction, le pastiche, le pillage, peu
importe pourvu que le discours ne s'arrête point, que la béance
soit comblée, que la défaillance passe inaperçue.

On comprend ainsi mieux le paradoxe de cette précocité
remarquable qui aboutit seulement sur le tard à une vocation
de romancier, tandis que le rêve ingénu de la gloire au théâtre
se maintient, avec ses nombreuses pièces à l'état d'ébauche,
demeurées parfois vingt-huit ans sur le chantier comme *Letel-
lier* ! Le théâtre, la comédie représentaient le prolongement des
fantasmes infantiles, la suite naturelle du soliloque de Grenoble. L'acteur, que Beyle se plaira à tenter d'imiter, est l'être
qui fait la démonstration la plus probante, la plus éclatante
de sa maîtrise oratoire.

Le passage à l'écriture est marqué d'abord, par un amoin-
drissement de cette virtuosité. « Dimension verticale » de l'être,
disions-nous avec Barthes, l'écriture est d'abord rupture avec
la loquacité. La voix est spontanéité, l'écriture est réflexion,
figement, cheminement pénible, multiplication des arrêts. L'écriture est *silencieuse.* Elle présente donc, semble-t-il, des dangers
infiniment plus grands, de multiples pièges ; d'où le souci constant de calquer son rythme, son allure sur celui du naturel, de
la spontanéité verbale, de la réplique de prime-saut. La prose
honnie de M. de Chateaubriand est une prose lente... D'où
encore la répugnance affichée pour la composition précise et
minutieuse, le goût de l'improvisation, fut-elle commandée par

---

18. *Chroniques Italiennes, l'Abbesse de Castro,* p. 226. En romain
dans le texte.

une nécessité invisible, si ce n'est le goût de *parler son texte* comme s'il devait emprunter au passage quelques-unes des vertus de la voix.

Stendhal, on le sait, n'écrira pas le premier jet de certains de ses romans, en particulier *la Chartreuse de Parme* et *Lamiel* : il dicte ! Il faut que la vieille magie verbale opère malgré tout dans le champ miné des signes écrits.

On se pose alors la question : pourquoi le théâtre, lieu par excellence de la parole, fut-il un échec ? Je répondrai : parce qu'il était précisément dans le prolongement direct de l'expression orale, une actualisation des phantasmes archaïques, partant guetté par les diverses inhibitions que nous venons de signaler. Le théâtre représentait le rêve utopique d'un triomphe direct sur soi-même, sur les forces obscures de l'inconscient. De ce fait, Beyle ne pouvait y renoncer et il lui était impossible d'y réussir.

Il est significatif de voir Stendhal, dès qu'il a esquissé le plan d'une pièce, faire toujours exactement ce qu'il ne faut pas faire, et dont il se garde avec soin dans le roman. Au lieu de l'écrire, il se livre à un travail minutieux de préparations : caractères, situations, leur enchaînement, le calcul des effets comiques sont disséqués à l'infini. Tout est bientôt noyé dans les recettes et les théories. Il ne tarde pas à s'enliser comme s'il avait recherché la paralysie qu'il redoute. Il faut lire *les Deux Hommes* par curiosité. Vous restez confondu par la médiocrité, voire la nullité du résultat. Sur cette scène où il voudrait briller, il ne peut se résoudre à paraître. Il y faut un détour qu'il aura le plus grand mal à trouver, comme nombre de grands écrivains. Il fallait que la prose héritât de ce qu'il aurait voulu faire passer dans la comédie, et qu'il pressentit peut-être par l'entremise de la musique.

Il aime en effet la musique sous la forme où elle reste tributaire du théâtre : l'opéra et, amateur d'opéra, il aime bien entendu la voix avant tout :

> « Je n'ai aucun goût pour la musique purement instrumentale ; la musique même de la Chapelle Sixtine et du chœur du chapitre de Saint-Pierre ne me fait aucun plaisir.
> La seule mélodie *vocale* me semble le produit du génie. »[19]

---

19. *La Vie de Henri Brulard*, p. 327. En romain dans le texte.

Or, en passant de l'acteur au chanteur, vous rencontrez les mêmes problèmes, les mêmes triomphes et... les mêmes dangers. Ceux-ci gagnent seulement en gravité. Si l'acteur peut être parfois victime de sa mémoire, la voix du chanteur peut se briser sans remède. Elle est davantage soumise à la physiologie. Elle est davantage effusion, porteuse et dispensatrice de la sensation. La voix qui chante est la spontanéité en acte ou son imitation. Elle est émouvante par essence comme sa forme musicale. La mélodie devient ici *l'air* qui exprime toujours les passions alors que la psychologie, s'il y en a, intéresse les récitatifs. Le penchant de Beyle va, on s'en doute, vers les musiciens dont le génie est purement mélodique : Rossini, Cimarosa, Mozart.

> « J'aime passionnément non pas la musique, mais uniquement la musique de Cimarosa et de Mozart. »[20]

Ce goût sera assez longtemps porteur d'une ambiguïté révélatrice. Il faut citer ici le passage de *la Vie de Henri Brulard* où il observe que :

> « Le hasard a fait que j'ai cherché à noter les sons de mon âme par des pages imprimées. La paresse, le manque d'occasion d'apprendre la physique, le bête de la musique, à savoir jouer du piano et noter mes idées, eut beaucoup de part à cette détermination qui eut été tout autre, si j'eusse trouvé un oncle ou une maîtresse amants de la musique. Quant à la passion, elle est restée entière. »[21]

et il se plaint dans le même chapitre d'avoir été incapable de noter certaines mélodies qu'il a composées.

Les mots auraient donc pu ne pas être dépositaires de la sensibilité ? Du moins, il s'en persuade. L'expression frappante qu'il emploie, *les sons de mon âme*, évoque furtivement la difficulté sur laquelle il achoppera longtemps. L'expression musicale, à laquelle il aspire comme à la plus fidèle, constitue certes un langage, mais qui ne ressemble en rien à celui du discours, tout en exprimant mieux que le discours cet univers que lui, le cœur *sensible*, a voulu faire passer dans les pages imprimées. L'écriture ne peut que *traduire* ce que la mélodie exprime spontanément. Souvenons-nous de la remarque :

> « Dans l'amour-passion on parle souvent un langage qu'on n'entend pas soi-même : l'*âme se rend visible à l'âme*, indépen-

20. *Souvenirs d'égotisme*, p. 1428.
21. *La Vie de Henri Brulard*, p. 330.

damment des paroles employées. Je soupçonnerais qu'il y a un effet semblable dans le chant. »[22]

Nous savons que, chez Beyle, la sensation étouffe la pensée, la paralyse[23]. Il faudrait pour parvenir au but recherché consentir à un travail sur l'écriture qui rende celle-ci apte à recueillir l'émotion en ce qu'elle a de vibrant, de vivant, de spécifiquement intraduisible. Il faudrait considérer l'écriture comme susceptible d'hériter des propriétés magiques du chant et de la parole, ce qui équivaudrait encore à modifier la relation primitive de Beyle avec le langage. Il semble y avoir longtemps répugné. La suite du passage précité l'atteste :

> « Je ferais dix lieues à pied par la crotte, la chose que je déteste le plus au monde, pour assister à une représentation du Don Juan. Si l'on prononce un mot italien de Don Juan, sur-le-champ le souvenir tendre de la musique me revient et s'empare de moi. »[24]

Ce mot renvoie avec nostalgie à l'autre univers et il poursuit par cette réflexion où l'obstacle à vaincre apparaît avec netteté :

> « Je n'ai qu'une objection mais peu intelligible ; la musique me plaît-elle comme *signe*, comme souvenir du bonheur de la jeunesse, ou *par elle-même* ? »[25]

Il incline pour le second terme de l'alternative, mais reste d'abord incertain :

> « L'air : *tra quattro muri*, chanté par Mme Festa, me plaît-il comme signe, ou par son mérite intrinsèque ?... Oui, j'avoue le signe pour ces deux derniers (le premier est *Per te ogni mese un pajo* dans *Pretendenti delusi*), aussi ne les vanté-je jamais comme des chefs-d'œuvre. »[26]

Il expose ici avec une grande lucidité la source de ses entraves : le mot renvoie aux sons, mais les sons eux-mêmes renvoient à la vie et au passé. La musique ainsi que l'écriture ont longtemps fonctionné comme *signes*, mais pas du tout dans la perspective proustienne où ils interviendront pour capter les sensations et les intégrer à un monde de l'art, supérieur en

---

22. *Vie de Rossini*, p. 287. En romain dans le texte.
23. Cf. l'étude de J.P. Richard, « la leçon des Beaux-Arts », p. 82-97 in *Littérature et Sensation*.
24. *La Vie de Henri Brulard*, p. 330.
25. *La Vie de Henri Brulard*, p. 331.
26. *La Vie de Henri Brulard*, p. 332.

dignité métaphysique à celui de l'existence. Les Beaux-Arts ont été le moyen soit de se donner le plaisir de faire chanter les *sons de l'âme sensible* soit d'évoquer le passé reclus en elle :

> « Quelquefois je me dis ; mais comment aurais-je du talent pour la musique à la Cimarosa, étant français ? Je réponds : par ma mère à laquelle je ressemble je suis peut-être de sang italien. »[27]

L'art donc fonctionnait encore comme reviviscence dégradée, comme le prolongement complexe de la parole infantile. On pourrait dire qu'il restait dans la ligne du principe de plaisir qui veut la satisfaction immédiate :

> « Quand j'ai voulu étudier la musique, j'ai connu qu'il était trop tard à ce signe : ma passion diminuait à mesure qu'il me venait un peu de connaissance. Les sons que je produisais me faisaient horreur à la différence de tant d'exécutants de quatrième ordre qui ne doivent leur peu de talent... qu'à l'intrépidité avec laquelle le matin ils s'écorchent les oreilles à eux-mêmes. »[28]

Dans l'analyse de sa passion pour la musique Beyle appréhende donc tout le côté de lui-même par lequel il restera longtemps — et s'en dégagea-t-il jamais tout à fait ? — un dilettante, faute d'avoir pu ou voulu comprendre (faute d'une rencontre précoce, à ce qu'il prétend, avec un milieu favorable. C'est encore son père qui l'aurait empêché d'étudier la musique !), que ce qu'il traitait comme signe devait être pris pour fin : d'où les errements de sa prodigieuse facilité, d'où cette indifférence étonnante à la qualité de ses écrits, d'où cette répugnance au labeur des lettres chaque fois qu'il n'allait pas dans le sens de son plaisir :

> « Je vais faire *les Deux Hommes*, après cela *Hamlet*, ensuite trois ans de repos. »[29]

d'où son caractère de romancier *impur*, pour reprendre l'expression de M. G. Genette. Flaubert qui le détestait ne s'y trompait pas.

Ainsi Beyle se trouvait, de par les vicissitudes de son histoire infantile, de par le rapport au langage que cette histoire préparait, lancé en porte-à-faux dans la direction de l'art, mais les forces archaïques étaient trop puissantes pour que la lancée

---

27. *La Vie de Henri Brulard*, p. 328.
28. *Souvenirs d'égotisme*, p. 1445.
29. *Journal*, 1803, p. 435.

ne triomphât pas finalement des obstacles. Je pense ici à la réflexion par laquelle Freud termine son étude sur « *Un souvenir d'enfance de Goethe* » :

> « Quand on a été sans contredit l'enfant de prédilection de sa mère, on garde pour la vie ce sentiment conquérant, cette assurance du succès qui en réalité rarement reste sans l'amener. Et Goethe aurait pu avec raison mettre en épigraphe à l'histoire de sa vie une réflexion de ce genre : ma force a eu sa source dans mes rapports avec ma mère. »[30]

J'hésite à l'appliquer sans réserves à Beyle. Nul doute, je le répète, que ces rapports aient été déterminants dans la formation du caractère. Inscrivaient-ils du même coup le succès dans sa destinée ? Si le mot intéresse la gloire littéraire, sans doute. S'il s'applique à l'existence, rien n'est moins certain. Mieux vaudrait dire que Beyle a payé le succès de l'un par l'échec de l'autre. Sur le plan même de l'œuvre, le rôle des accidents contingents par rapport à l'Œdipe n'est pas négligeable, comme nous l'avons vu. Enfin, l'action de la musique mise à part, on ne distingue pas avec précision comment s'est fait le passage par lequel le polygraphe est devenu le romancier, par lequel l'écriture obstacle à la sensation, en est devenue le véhicule et a pris le relais de la parole. L'opération intéresse le champ subjectif de son langage, mais vous n'isolez pas chez Stendhal, à l'encontre de Proust, de moment crucial où le sens du chaos de sensations dans lequel il est noyé s'éclaire pour révéler la manière dont il convient que ces sensations soient traitées pour donner l'Œuvre.

Il y fallait sans doute les longues vicissitudes d'une existence malheureuse puisqu'il était donné à Beyle de devenir un écrivain sans pouvoir ou sans vouloir tourner le dos à la vie, partant de se trouver pour se perdre en alternance. A chaque fois, il entrait néanmoins plus avant dans le domaine du *langage écrit*, avec une maîtrise accrue, bénéficiant, sans conteste, de la pratique ininterrompue du *langage/parole* dans l'intervalle. Entre l'un et l'autre, une osmose heureuse s'opérait et grâce à elle l'opposition préliminaire tendait à s'effacer. Une étude aux frontières de la linguistique et de la psychanalyse serait peut-être susceptible d'en mettre en lumière les modalités concrètes.

---

30. Freud, *Essais de Psychanalyse appliquée*, p. 162.

Comme l'écrit Ella Sharpe : « Nous avons tous appris phonétiquement notre langue maternelle »[31].

Jamais n'aura été mieux vérifiée ici une remarque, devenue banale, du début de *la Vie de Henri Brulard* : « Hélas ! Rien n'annonce le génie, peut-être l'opiniâtreté serait un signe. »[32] Oui, là était sa force, dont la source secrète apparaît maintenant avec clarté : ne jamais laisser le silence se rétablir !

La condition était nécessaire, mais non suffisante pour que Beyle devint Stendhal tant, pourrait-on dire, et pour reparler une dernière fois de la musique si pleine d'enseignements pour l'auteur de *la Chartreuse de Parme*, l'enfance d'un écrivain semble entretenir avec son œuvre le même rapport qu'entre la mélodie initiale, cellule matricielle, et la partition achevée. Le thème donné ne suffit pas pour que cette partition soit écrite. Il en procure la tonalité et certaines limitations. Le reste appartient à ce travail sur de l'histoire rêvée, à ce qu'il suppose de difficultés et d'épreuves pour réussir à faire basculer les pulsions de la névrose dans la moralité, là où le plaisir se soumet aux règles, là où les signes ne renvoient plus qu'à d'autres signes dans l'architecture de l'œuvre, devenue la vraie vie.

---

31. Ella Sharpe, « *Dream Analysis* », in *Nouvelle Revue de Psychanalyse* n° 5, « *L'Espace du rêve* », p. 114.
32. *La Vie de Henri Brulard*, p. 32.

BIBLIOGRAPHIE

Victor del Litto, le volume des *Œuvres Complètes* consacré à la bibliographie.

ŒUVRES DE STENDHAL:

Œuvres Complètes établies sous la direction de Victor del Litto et d'Ernest Abravanel, 52 volumes. Le Cercle du Bibliophile, éditions du Grand-Chêne à Aran/Suisse, auxquelles toutes les références sont empruntées sauf pour :

La Chartreuse de Parme, édition Garnier 1957, Introduction et notes de Henri Martineau.

Œuvres Intimes, édition de la Pléiade, établi par H. Martineau, Gallimard.

Correspondance, préface par Victor del Litto, notes de Victor del Litto et H. Martineau, en trois volumes, 1800-1821, 1821-1834, 1835-1842. Edition de la Pléiade, Gallimard.

ETUDES SUR STENDHAL :

Alain, *Stendhal*, Rieder, Paris, 1935.

Arland (Marcel), *Le Promeneur*, édit. du Pavois, 1944.

Bardèche (Maurice), *Stendhal romancier*, la Table Ronde, 1947.

Balzac (Honoré de), *Etude sur M. Beyle*, revue Parisienne du 25 sept 1840, reproduite dans la première édition Garnier de *La Chartreuse de Parme*.

Blin (Georges), *Stendhal et les problèmes du roman*, Corti 1954. *Stendhal et les problèmes de la personnalité*, Corti 1958.

Brombert (Victor), *Stendhal et la voie oblique*, PUF, 1954.

Castex (P. Georges), *le Rouge et le Noir de Stendhal*, Sedes 1970. *Le Rouge et le Noir*, Garnier, préface et notes 1973.

Colomb (Romain), *Notice sur vie et ouvrage de H. Beyle*, en préface à *Armance*, Calman-Lévy, 1877.

Dutourd (Jean), *l'Ame Sensible*, Gallimard, 1959.

Del Litto (Victor), *La Vie Intellectuelle de Stendhal*, PUF, 1959. *La Vie de Stendhal*, Albin Michel, 1965.

Delacroix (Henri), *La Psychologie de Stendhal*, Alcan, 1918.

Didier (Béatrice), « Stendhal chroniqueur », *Littérature* février 1972, Larousse.

Europe, n° spécial sur Stendhal, sept. 72 (P.G. Castex, « réalités d'époque dans le Rouge et le Noir »).

Fernandez (Ramon), *Messages* 2ᵐᵉ série, « Autobiographie et roman chez Stendhal », Gallimard, 1926.

Genette (Gérard), *Figures II*, « Stendhal et le jeu littéraire » Seuil, 1969.

Lukacs (Georges), Balzac critique de Stendhal dans « Balzac et le réalisme français », Maspero, 1969.

Martineau (Henri), *Le Cœur de Stendhal*, Histoire de sa vie et de ses sentiments, Albin-Michel 1951, en deux volumes.

Martineau (Henri), *l'Œuvre de Stendhal*, *Histoire de ses livres et de sa pensée*, Albin-Michel, 1966.

Martino (Pierre), *Stendhal*, Boivin, 1934.

Prévost (Jean), *la Création chez Stendhal*, Sagittaire, Marseille, 1942, réédité au Mercure de France avec une préface de H. Martineau, Paris, 1951.

Richard (Jean-Pierre), *Littérature et Sensation*, « *Connaissance et tendresse chez Stendhal* », le Seuil, 2 vol. I. 1954. « Thèmes romantiques chez Stendhal », *Revue des sciences humaines*, 1951.

Roy (Claude), *Stendhal par lui-même*, Seuil, (Ecrivains de toujours).

Shoshana (Felman), la « Folie » dans *l'Œuvre romanesque de Stendhal* (en particulier le chapitre : La Chartreuse de Parme ou le chant de Dionysos, p. 194-237), Corti, 1971.

Starobinski (Jean), *l'Œil vivant* I, Stendhal pseudonyme, Gallimard (le Chemin), 1971. *l'Œil vivant* II, la Relation Critique, psychanalyse et littérature, (le Chemin), 1970.

Turnell (Martin), *the Novel in France*, (Stendhal), Hamish Hamilton, London, 1963.

Valéry (Paul), *Variétés* II, Stendhal, Gallimard 1930.

ETUDES ET ARTICLES SUR LA CHARTREUSE DE PARME :

Arbelet (Paul), « Du nouveau sur La Chartreuse », Figaro, 10.9.1938.
« Les Origines de La Chartreuse de Parme », *Revue de Paris*, 15.3.1922.
« Balzac, Stendhal et les corrections de la Chartreuse », *Revue d'histoire littéraire*, janv. et mars 1935.
Edition en fac-similé de l'exemplaire de *La Chartreuse* ayant appartenu à Stendhal, Champion.

Bellemin-Noël (Jean), « Le Motif des orangers dans La Chartreuse de Parme », revue *Littérature*, février 72, Larousse.

Bidou (Henri), « Les Etapes de Fabrice del Dongo », *Le Temps*, 6.10.1932.

Didier (Béatrice), « La Chartreuse de Parme ou l'Ombre du Père », dans *Europe*, numéro Stendhal de sept. 72.

Durand (Gilbert), *Le Décor Mythique de La Chartreuse de Parme*, Corti, 1961.

Jourda (Pierre), « les corrections de la Chartreuse de Parme », *Revue d'histoire littéraire*, janv. et mars, 1935.

« La Parme de Stendhal », revue *d'Histoire Littéraire*, mars-avril 1935.

« Le paysage dans la Chartreuse de Parme », *Ausonia*, janv. et juin 1941, Grenoble.

« L'Emotion italienne et le Corrège », *Etudes italiennes*, juillet-sept. 1934.

Préface à La Chartreuse de Parme, les Belles Lettres Paris, 1933.

Martino (Pierre), *Préface à la Chartreuse de Parme*, Bossard, Paris, 1928.

Royer (Louis), « Le lieutenant Robert de La Chartreuse de Parme », *Ausonia, Cahiers Franco-Italiens*, janv. mars 1937.

Turnell (Martin), *the Novel in France, La Chartreuse*, p. 184-206, Hamish Hamilton, London, 1963.

Vigneron (Robert). « En marge de La Chartreuse », *Revue d'histoire littéraire*, avril-juin 1934.

ICONOGRAPHIE :

Del Litto (Victor), *Album Stendhal*, la Pléiade, Gallimard, 1966.

OUVRAGES GENERAUX :

Auerbach (Erich), *Mimesis*, biblio. des Idées, Gallimard, 1946.

Bachelard (Gaston), *L'Eau et les Rêves*, Corti, 1942.

Barthes (Roland), *Le Degré Zéro de l'Ecriture*, Gonthier, 1969.

Berenson (Bernard), *Les Peintres Italiens de la Renaissance*, le Corrège, trd., L. Gillet, Gallimard, 1953.

Durand (Gilbert), *Les Structures anthropologiques de l'Imaginaire*, P.U.F., 1960.

Eliade (Mircea), *Aspect du mythe*, Gallimard, 1963.

Fernandez (Dominique), *L'Arbre jusqu'aux racines*, Grasset, 1972.

Freud (Sigmund), *Introduction à la psychanalyse*, Payot, 1963.
  Essais de psychanalyse, Payot, 1948.
  Essais de psychanalyse appliquée, Gallimard, « documents bleus », 1933.
  La Science des Rêves, le Club français du livre, 1963.
  Le Rêve et son interprétation, les Essais, Gallimard, 1951.
  Un souvenir d'enfance de Léonard de Vinci, les Essais, Gallimard, 1952.

Girard (René), *Mensonge romantique et Vérité romanesque*, Grasset, 1961.

Goethe (Johann Wolfgang), *Les Années de voyage de Wilhem Meister*, la Pléiade, *Romans de Goethe*, Gallimard, 1954.

Jones (Ernest), *Hamlet et Œdipe*, Gallimard, 1967, Idées.

Jung (Carl. Gustav). *Le Moi et l'inconscient*, trd. Adamov, Gallimard, 1938.

Klein (Mélanie), *Essais de psychanalyse*, Payot, 1967.

Kleist (Heinrich von), *Penthésilée*, trd. J. Gracq, Corti, 1954.

Lacan (Jacques), *Ecrits I*, le Seuil, 1970.

Laplanche (Jean), *Hölderlin et la question du père*, PUF, 1961.

Mann (Thomas), *Correspondance I*, trd. L. Servicen, Gallimard, 1961.

Mauron (Charles), *L'inconscient dans l'œuvre et la vie de Racine*, Corti.

  « L'Art et la Psychanalyse », *Psyché* n° 63, 1952.

Novalis (Friedrich von Hardenberg), *Hymnes à la nuit*, trad. G. Bianquis, Aubier.

Ovide, *Les Métamorphoses*, tr. Chamonard, Garnier-Flammarion.

Painter (Georges), *Proust,* 2 vol. Mercure de France, 1966.

Rousseau (Jean-Jacques), *La Nouvelle Héloïse*, édit. Pomeau, Garnier, 1968.

Sartre (Jean-Paul), *L'Idiot de la Famille*, 3 vol. Gallimard, 1971-73.

Sharpe Ella, *Dream Analysis*, Hogarth Press, 1937.

Stoecklin (Paul de), *Le Corrège*, Alcan, 1928.

Sophocle, *Œdipe-Roi*, La Pléiade : Tragiques Grecs, trad. Jean Grosjean. Gallimard, 1967.

Vernant (Jean-Pierre) ,« Oedipe sans complexe » in *Psychologie et Marxisme*, 10/18, 1971.

  Mythe et Pensée chez les Grecs, Maspéro, 1966.

Weber (Jean-Paul), *Genèse de l'œuvre poétique*, Gallimard, 1960.

On consultera la collection du *Stendhal Club*, revue trimestrielle, à Grenoble, éditée par Victor Del Litto, 3, rue Maurice-Gignoux (montée Rabot) « Beauregard », 38000 Grenoble.

TABLE DES MATIÈRES

II
Beyle/Stendhal

BIBLIOTHEQUE FRANÇAISE ET ROMANE

publiée par le

Centre de Philologie et de Littératures romanes
de l'Université des Sciences Humaines de Strasbourg

Directeur : Georges STRAKA

Série C : ETUDES LITTERAIRES

192

47. — *Littérature française et pensée hindoue des origines à 1950*, par Jean BIES, 1974, 683 p.
48. — *Approches des Lumières, Mélanges offerts à Jean Fabre*, 1974, 604 p.
49. — *La crise de la conscience catholique dans la littérature et la pensée françaises à la fin du XIXe siècle*, par Robert BESSEDE, 1975, 639 p.
50. — *Paul Claudel en Italie, avec la correspondance Paul Claudel-Piero Jahier*, publiée par Henri GIORDAN, 1975, 168 p.
51. — *Le Théâtre national en France de 1800 à 1830*, par Michèle JONES, 1975, 169 p.
52. — *Grimoires de Saint-Simon*, nouveaux inédits établis, présentés et annotés par Yves COIRAULT, 1975, 320 p.
53. — *Mythes et réalités : enquête sur le roman et les mémoires (1660-1700)*, par Marie-Thérèse HIPP, 1976, 587 p.
54. — *Une lecture de Camus : la valeur des éléments descriptifs dans l'œuvre romanesque*, par Paul A. FORTIER, 1977, 262 p.
55. — *Les thèmes amoureux dans la poésie française, 1570-1600*, par Gisèle MATHIEU-CASTELLANI, 1975, 524 p.
56. — *« Adolphe » et Constant, une étude psychocritique*, par Han VERHOEFF, 1976, 136 p.
57. — *Mythes, merveilleux et légendes dans la poésie française de 1840 à 1860*, par Anny DETALLE, 1976, 456 p.
58. — *L'expression métaphorique dans la « Comédie humaine »*, par Lucienne FRAPPIER-MAZUR, 1976, 378 p.
59. — *L'Univers poétique de Max Jacob*, par René PLANTIER, 1976, 432 p.
60. — *L'histoire de l'esprit humain dans la pensée française, de Fontenelle à Condorcet*, par Jean DAGEN, 1977, 720 p.
61. — *La Rochefoucauld, augustinisme et littérature*, par Jean LAFOND, 1977, 280 p.
62. — *Henri IV dans ses oraisons funèbres ou la naissance d'une légende*, par Jacques HENNEQUIN, 1977.
63. — *L'inspiration biblique dans la poésie religieuse d'Agrippa d'Aubigné*, par Marguerite SOULIE, 1977.
64. — *Religion et imagination religieuse : leurs formes et leurs rapports dans l'œuvre d'Ernest RENAN*, par Laudyce RETAT, 1977.
65. — *Ecriture et pulsions dans le roman stendhalien*, par Robert ANDRE, 1977.
66. — *Le Cardinal de Retz mémorialiste*, par Simone BERTIERE, 1977.
67. — *La recherche du dieu chez Paul VALERY*, par Abraham LIVNI, 1977.
68. — *L'idée de nature en France dans la deuxième moitié du XVIIe siècle*, par Bernard TOCANNE.
69. — *Le roman de Madame de Lafayette au Marquis de Sade*, par Jean FABRE.

Achevé d'imprimer en Décembre 1977 sur les presses de I.C.M. 09700 Saverdun N° d'impression 8772 - Dépôt légal 4e trimestre 1977 - Imprimé en France.